漫画 0-3岁 育儿经

廖春莉 编著　李芳哲 绘

四川教育出版社

图书在版编目(CIP)数据

得心应手做父母. 漫画0—3岁育儿经 / 廖春莉编著；李芳哲绘. — 成都：四川教育出版社，2024.6.
ISBN 978-7-5408-9111-4
I. G78
中国国家版本馆CIP数据核字第2024FR2788号

DEXIN-YINGSHOU ZUO FUMU MANHUA 0—3 SUI YUER JING

得心应手做父母　漫画0—3岁育儿经

廖春莉 编著　李芳哲 绘

出 品 人	雷　华
责任编辑	宋笑颖　饶　华
责任校对	洪晨阳
责任印制	许　涵
封面设计	春浅浅
出版发行	四川教育出版社
地　　址	成都市锦江区三色路238号新华之星A座
邮政编码	610023
网　　址	www.chuanjiaoshe.com
印　　刷	三河市祥达印刷包装有限公司
版　　次	2024年6月第1版
印　　次	2024年6月第1次印刷
开　　本	880mm×1230mm　1/32
印　　张	6
书　　号	ISBN 978-7-5408-9111-4
定　　价	39.80元

如发现印装质量问题，影响阅读，请与本社联系。
总编室电话：（028）86365120　编辑部电话：（028）86365129

前言 PREFACE

亲爱的读者朋友们：

非常荣幸能够在这本《得心应手做父母 漫画0—3岁育儿经》中与大家相见。本书旨在为父母提供实用、有趣的育儿知识和方法，并通过漫画的形式生动地呈现出来。

育儿是一件既充满挑战又很有意义、很有趣味的事情。当孩子一出生，父母就开始养育孩子。但作为新手父母，应该如何养育孩子呢？

成长有一定的规律，在孩子成长的过程中，会出现一个个敏感期。在不同的敏感期，孩子会表现出不同的行为特征和心理特征。在每一个敏感期，孩子会不断地从环境中汲取养分，发展自己的能力，并不断自我完善，自我超越，变得越来越能干。

在孩子成长的过程中，其行为能力、语言能力、认知能力、社交

能力、情绪表达能力都在不断提升。孩子会经历一个又一个不和顺的时期,这是孩子突破前一种生命状态,能力逐步提升的过程。当孩子的能力达到一个新的水平,就会呈现出一个新的稳定期。所以,父母要以足够的耐心和正确的心态来看待孩子成长中出现的变化,接纳孩子的变化,给孩子足够的包容度和自由度,让孩子按照自己的步调成长,不过度干预孩子成长的节奏,不为孩子的变化产生不良情绪。

父母在养育孩子的过程中,还要根据孩子的天赋和特点,有针对性地培养孩子。只有这样,父母才能陪伴在孩子身旁,见证他们的能力顺利地达到一个又一个更高的水平。

在养育孩子的过程中,父母会遇到各种的问题和困惑,本书将为父母分享育儿知识,提供有效的育儿方法,帮助大家更好地解决面临的问题,更愉快地陪伴孩子成长。

本书从孩子的身体成长、大动作和精细动作发育、语言能力、行为能力、心智发展、人际关系和情绪、生活习惯、陪伴养育等方面,

阐述0—3岁年龄段孩子的成长特征、行为表现及相应的育儿方法，帮助新手爸爸妈妈掌握孩子的成长规律和养育技巧，用良好的心态养育孩子，给孩子一个快乐的童年。

本书力求将复杂的育儿知识和方法用生动有趣的漫画形式展现出来，以便读者更轻松地理解和接受。我们希望通过图文结合的方式，为父母提供一种崭新的学习体验。

育儿最重要的是用爱和关怀去引导孩子成长。每个孩子都需要父母的陪伴和支持，需要父母给予他们安全感和信心。同时，育儿也是一次父母自我成长的过程，我们可以从孩子身上学到许多关于爱、耐心和坚持的品质。

值得一提的是，每个孩子都是独立的个体，本书所说的普遍特征可能与您孩子的情况不一致，您不必因此而焦虑。孩子的成长有快有慢，个性也会出现很大差异，共性的特征不能替代个性化的特征，因此，本书内容仅作为父母养育孩子时的参考。

　　感谢所有参与本书创作和出版的人员,大家的共同努力才使本书得以问世。感谢每一位读者,你们的支持是我们不断努力的动力。

　　希望《得心应手做父母　漫画 0—3 岁育儿经》能够给父母们带来启发和帮助!祝愿每个孩子都快乐成长,每个家庭都幸福美满!

知识速递

宝宝的五大能区，你知道多少？

婴幼儿的五大能区包括大运动、精细动作、认知能力、语言能力、情绪和社会行为能力这五大方面。这五大能力的均衡发展将为宝宝以后的智商、情商、逆商、体能等各方面的发展打好基础。

大运动 >>>

大运动指大肌肉群共同参与的运动，包括抬头、翻身、支撑身体、坐、爬、站立、蹲、行走、推、拉、举、扔、跳跃、独脚站立、上下楼梯等,可以训练肢体的灵活性、平衡性和协调性。通过大运动的相关练习,宝宝能够进一步发展身体的控制能力和协调能力。

精细动作 >>>

精细动作主要指运用手来完成各项活动,包括抓、握、捏、倒、舀、夹、切、剪、缝、拧、穿、敲、按、摇、拨动、推、拍、弹等。通过训练,能提升宝宝手的灵活性、手眼协调能力和双手协调能力,还能促进宝宝智力、神经和心理的不断发展。这种能力为折纸、搭积木、用筷子、操作工具、书写、绘画等做好了准备。

认知能力 »

认知能力是指大脑接受、加工、贮存和应用信息的能力，包括注意力、观察力、想象力、记忆力、问题解决能力等。认知能力是宝宝在大运动和精细动作发展的基础上所形成的综合能力。宝宝听到声音会寻找声源，会照镜子，能用视线追随行人，等等。宝宝就这样在实践中不断提升对世界的认知。

语言能力 »

语言能力是指宝宝的语言和沟通能力。包括辨别声音和语调，重复和模仿听到的词语和句子，理解简单的指令和问题，表达自己的需求和意愿。父母可以通过与宝宝交流互动、朗读故事、唱儿歌等方式来促进宝宝语言能力的发展。

情绪和社会行为能力 >>>

情绪和社会行为能力是指宝宝与他人建立联系、发展社交技能的能力。包括宝宝与他人眼神接触、语言交流、社交互动等。这种能力让宝宝能够察觉和理解他人的情感表达,通过声音和身体语言主动与他人交流互动,与他人分享玩具、食物等资源,遵守简单的规则,与他人一起玩耍,与他人合作完成任务。

了解宝宝的五大能区,有助于父母关注和支持宝宝各项能力的发展,让宝宝健康快乐地成长。

敏感期知多少

在宝宝的成长过程中,会出现一个接一个的敏感期。宝宝在某一特定时期对某些方面特别敏感,相对于其他时期更容易学习某种知识和行为,这个时期就是"敏感期"。敏感期是宝宝自然发展的一种生物学现象,是宝宝学习的"黄金期"。在相应敏感期内,宝宝的身体和大脑发展迅速,对某些特定技能更敏感,学习相关技能的能力也更强。

敏感期的存在说明宝宝的成长有其内在规律，父母要知道和掌握这些规律，因势利导，发挥敏感期的优势，发掘宝宝的潜能，让宝宝各项能力得到最好发展。

　　在不同的年龄阶段，宝宝对不同技能和能力的学习和发展会有不同的敏感期。例如，语言敏感期通常发生在出生后的头几年。在这个时期内，宝宝对语言特别敏感，学习语言的能力非常强，能够较为轻松地学习母语，并容易学习其他语言。如果错过了这个敏感期，学习语言的优势就会减弱。

　　对父母和教育者来说，了解敏感期是非常重要的，在这些敏感期内为宝宝提供良好的成长环境和帮助，可以更好地发掘宝宝的潜能，发展宝宝的能力，引导宝宝成长。

0—3岁儿童成长敏感期及其表现对照表

大致时间	敏感期	具体表现
0—6个月	视觉敏感期	宝宝逐步适应光线、明暗,对周围的一切都很好奇,喜欢到处看
0—1岁	口欲敏感期	宝宝喜欢用嘴巴来感知事物,认识世界
6个月—1岁	手部敏感期	宝宝喜欢抓东西和扔东西,通过手来探索环境
8个月—3岁	肌肉敏感期	宝宝的肌肉控制能力、身体平衡性和协调性快速发展
1—2岁	空间敏感期	宝宝喜欢探索空间,喜欢到处走动,还喜欢爬高
1—4岁	细小事物敏感期	宝宝对小东西很感兴趣,喜欢去观察探索细小事物
1.5—3岁	秩序敏感期	宝宝喜欢所有事物不改变原状,所有事情按照顺序进行
2—3岁	自我意识敏感期	宝宝意识到"我"是独立个体,开始区分你我,喜欢护着自己的东西
2—3岁	语言敏感期	宝宝对语言很敏感,喜欢说话,是学习语言的最佳时期
2.5—4岁	执拗敏感期	宝宝执着于自己的想法,被否定时会大哭大闹,很情绪化
2.5—4岁	社交敏感期	宝宝喜欢与同龄的孩子互动,会关注和理解别人
2.5—4岁	模仿敏感期	宝宝喜欢模仿别人说话,模仿别人做事情

以上所述是一些普遍现象,仅供参考,并不意味着所有宝宝都会有相同的发展情况。作为父母,我们不应过于关注宝宝相对于其他孩子的落后程度,而是应该将注意力放在宝宝的每一次进步上。

★ 0—3岁儿童成长敏感期主要有哪些？

1. 视觉敏感期。宝宝出生后不久就会对光线进行追逐，进入视觉敏感期。父母不能长期让宝宝处在黑暗环境之中，但也需要注意把家里灯光调成柔和的光，避免对宝宝的视力发育造成不利影响。

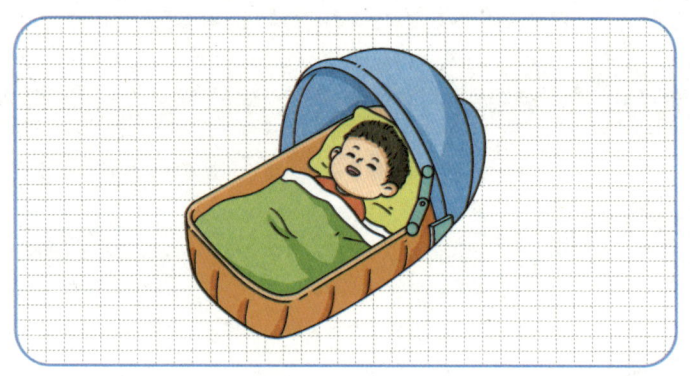

2. 口欲敏感期。这个时期的宝宝喜欢用嘴巴来感受事物，认识世界。他们通过吃手唤醒手的功能，刺激手部神经发育和精细动作能力发展，进而用手探索外部世界。

3.手部敏感期。在这个时期宝宝喜欢抓东西和扔东西,通过手来探索环境。父母应在保证宝宝安全的情况下,让宝宝自由地用手感知世界。

4.肌肉敏感期。在这个时期,宝宝逐渐学会走路、跑、跳、爬高,他们的肌肉控制能力增强,身体的平衡性和协调性不断提升。此时,父母应多带宝宝运动,提升他们的肌肉力量和运动能力。

5.空间敏感期。在这个时期,宝宝喜欢探索不同的空间,喜欢到处走动,还喜欢爬高。父母一定要看好宝宝,同时可以给宝宝准备能让他们感知空间距离的玩具。

6.细小事物敏感期。在这个时期,宝宝会对各种小东西感兴趣,喜欢把小东西拿起来看看、尝尝,喜欢用手触摸各种小洞,爱探索。此时,父母应防止宝宝误食小东西,避免宝宝接触电源插口。

7. 秩序敏感期。在这个时期，宝宝希望家里的所有物品都不改变摆放位置，日常生活按照自己习惯的顺序进行。如果改变了，他们就会很生气，要求改回去。

8. 自我意识敏感期。在这个时期，宝宝意识到自己的独立存在，开始将自己与别人的东西进行区分，有时为了占有玩具，他们还会争抢。虽然这说明宝宝的自我意识开始慢慢形成，但父母还是要注意制止宝宝不友好的行为。

9. 语言敏感期。在这个时期，宝宝的语言能力开始增强，会咿咿呀呀地说话。此时，父母应多和宝宝对话，即使宝宝听不懂，也要多和他们交流。

10. 执拗敏感期。这个时期的宝宝会执着于自己的想法，如果受到否定，他们会很情绪化。此时，父母不要与他们较劲，要多理解他们。

11. 社交敏感期。这个时期的宝宝喜欢和同龄的孩子互动，喜欢交朋友。他们能够关注别人的情绪，会理解别人。此时，父母要多带宝宝参加集体活动，给他们创造社交机会。

12. 模仿敏感期。这个时期的宝宝喜欢模仿别人说话，模仿别人做事情。此时，父母要做好表率，避免让宝宝模仿不良行为，养成不好的习惯。

当宝宝处于一个又一个敏感期时，父母要积极引导，尽量不要苛责他们。当他们顺利通过一个个敏感期后，他们的发育水平便会进入更高的层面。

目录 CONTENTS

第1章 0—1岁，大运动迅速发育，心理发育开始启动

0—1岁宝宝五大能区发展路径图 / 002

初来人间，他哭了，大家都笑了 / 004

昼夜颠倒，该怎样给宝宝"倒时差"？ / 007

宝宝一出生，视觉敏感期就来了 / 011

如何养育处于口欲敏感期的宝宝？ / 015

哭是婴儿的第一语言，识别宝宝的"哭泣代码" / 020

理解"婴言婴语"，带你读懂小人儿的密语 / 025

安全感，送给宝宝的第一份礼物 / 029

婴儿期的亲子依恋将影响宝宝一生 / 035

健康分离，不让宝宝在焦虑中成长 / 041

别打扰，给宝宝适当的"独处"空间 / 047

宝宝喜欢撕纸，手部敏感期来了 / 051

从镜子中认识自己，宝宝越照镜子越聪明 / 054

把饭勺交给宝宝，促进精细动作发育 / 058

爬呀爬，爱爬的宝宝都是探险家 / 062

第2章 1—2岁，精细动作快速发展，认知逐步开始建立

1—2岁宝宝五大能区发展路径图	/ 070
牙牙学语期，帮宝宝做好语言启蒙	/ 072
告别认生，帮宝宝走出自我封闭的世界	/ 078
迈开人生第一步，宝宝开始走路了	/ 081
从"开心果"到"淘气包"，1岁多的宝宝爱探险	/ 085
处于空间敏感期的宝宝都是"淘气大王"	/ 089
处于细小事物敏感期的宝宝都是观察家	/ 095
爱乱涂乱画的宝宝都是"灵魂画家"	/ 099
万事拗着来，让人哭笑不得的秩序敏感期	/ 102
不打扰就是对专注力最好的保护	/ 107

第3章 2—3岁，自我意识开始萌芽，自我肯定感逐步建立

2—3岁宝宝五大能区发展路径图 / 112

自我意识萌芽，宝宝开始确立自我 / 114

利用宝宝自我肯定感确立的关键期，塑造好生命根基 / 125

帮宝宝建立起信任感，促进人格健康发展 / 131

语言敏感期，在自言自语中变成语言高手 / 138

给处于执拗敏感期的宝宝说"不"的权利 / 142

宝宝爱撒谎、吹牛，他在试图证明自己强大 / 146

社交敏感期来了，如何给宝宝做好社交启蒙？ / 151

处于模仿敏感期的宝宝都是优秀的模仿家 / 155

观察是认知的基础，从小培养宝宝的观察力 / 160

入园前，宝宝做好准备了吗？ / 164

第一章

0—1岁，大运动迅速发育，心理发育开始启动

0—1岁宝宝五大能区发展路径图

年龄	能区				
	大运动	精细动作	认知能力	语言能力	情绪和社会行为能力
1个月	俯卧时头偶尔能抬离床面	能触碰手掌；能紧握拳	眼睛会追随转动	能发细小喉音；会听人说话	喜欢被抱
2个月	头能抬起10秒；俯卧时头能抬离床面	能握住拨浪鼓片刻；会无意识抓自己面部	能注意到大玩具	会发a、o、e等音	开始微笑；逗引时有反应
3个月	开始微笑；逗引时有反应	两手能握一起；会抓东西摇晃	眼睛能跟踪红球；会追着移动的物体和走动的人看	能笑出声音	能认出妈妈；喜欢熟悉的人
4个月	拉手时可坐起，头能稳定；俯卧时手能抬90°；扶腋下可站立	会注视并接住玩具；能双手一起玩玩具	能找到声源；对照镜子很感兴趣	会高声叫；能"咿""呀"发声；能分辨大人声音中的情绪	能够辨认出亲近的人的面孔；会通过大声笑来表达兴奋
5个月	轻拉手腕时能坐起；可以自如翻身，从仰卧位翻身成俯卧位	能抓住近处的玩具玩；会伸手触摸悬吊的玩具	可以看到更远的距离；会对色彩和形状产生兴趣	会主动发声；能注视说话者的口型牙牙学语	听到自己的名字会回头；喜欢与人玩捉迷藏
6个月	可从俯卧位翻身至仰卧位；会伸展双腿；能坐稳	会撕纸；会摆弄桌上的积木；能用整个手掌抓物	玩具掉落时会寻找	会学着发出一些声音；能对大人的引导做出反应	能够清楚地分辨出家人跟外人的区别，排斥陌生人

（续表）

年龄	能区				
	大运动	精细动作	认知能力	语言能力	情绪和社会行为能力
7个月	坐起自如；会起身翻滚；喜欢躺着玩双脚	食指和拇指的对指功能较好，可以拿起小饼干放到嘴内	看的距离已经很远，喜欢寻找周围的物品	会发"baba""mama"音；会改变声音的高低、强弱	会让喜欢的人抱；与亲人一起玩耍时很开心
8个月	坐得很稳；会爬行；双手扶物时可站立	能够精准使用手指去拿捏物品；会拿着食物进食	对躲猫猫等模仿游戏感兴趣	会模仿弹舌、咂嘴等声音；能发出低声调的声音	懂得成人面部表情；会跟母亲撒娇
9个月	扶物时能站立；可以适当迈步	会扔掉手里的东西；会使用勺子进食	对微小的声音感兴趣	会表达欢迎、再见；能清晰地重复一些音节	可以通过眼神和手势与人交流；会通过笑、叫、摇头晃脑表达情感
10个月	能拉着栏杆站起；可以扶着栏杆走；动作协调	拇指、食指动作熟练；双手能协调解开暗扣	会模仿别人的动作	能使用一些仿音词对话	会和陌生人互动；能表示"你好""再见""感谢"等
11个月	扶着东西能蹲下取物；能独自站立5秒	能打开包装物的纸；可用两个手指捏东西	会模仿玩具车的声音；可以分辨颜色、图案、声音	有意识发音；会说叠音字；能理解指令	懂得表示"不"；能够说出主要家庭成员的称谓
12个月	独自站立很稳；牵着一只手就可以走	会用全掌握笔	能正确把物品配对	会叫爸爸妈妈；能发出单字音或叠字音；能理解大人要求	穿衣服时知道配合；开始模仿大人做家务

每个宝宝都是独特的，他们的成长速度和步调各不相同，行为表现也存在个体差异。作为家长，我们无须着急，而要根据宝宝的个体差异进行养育。

初来人间，
他哭了，大家都笑了

随着一声啼哭，一个新生命诞生了。他哇哇地哭了，大家却都开心地笑着欢迎他，祝福他。"宝宝，欢迎你成为我们的家庭成员。""爸爸妈妈会很爱你，让你健康快乐地成长。"

医生会对刚出生的宝宝进行一个全面检查，确认宝宝一切安好，然后把这个健康的宝宝交给新手父母。于是，宝宝的养育就此开始。

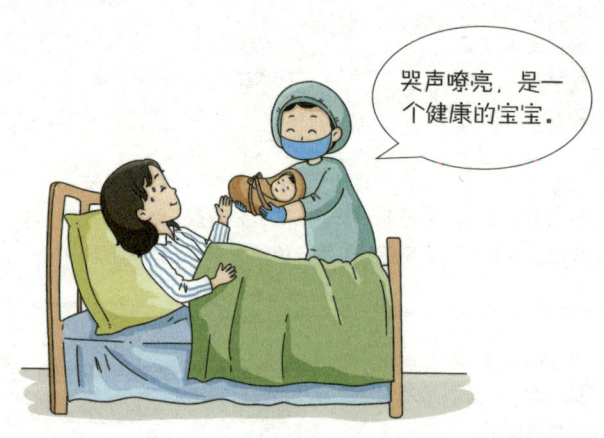

哭声嘹亮，是一个健康的宝宝。

新手父母需要提前学习护理方法，护理好宝宝。但总的来说，月子里的宝宝大多都是"天使宝宝"，需求比较简单：吃奶、睡觉、换尿不湿。

⭐ 该如何护理新生儿？

1. 新生儿每天可以睡 16—20 个小时，基本上是吃了睡，睡了吃。父母要给宝宝提供一个安静、舒适且安全的睡眠环境，确保宝宝睡眠的时间和质量。

2. 每次喂完奶，要给宝宝拍嗝。拍嗝时，要在大人肩膀上垫一条毛巾，让宝宝靠在大人肩膀上，一只手托起宝宝的屁股，另一只手的手掌呈空心状，有节奏地轻拍宝宝的后背。

3. 要用柔软的毛巾给宝宝洗澡,并将水温控制在 37°C 左右。洗澡时要注意脐带护理。新生儿脐带在出生后一星期左右会自然脱落,在此期间,父母每天要对孩子的脐带进行消毒,并保持脐带干燥。

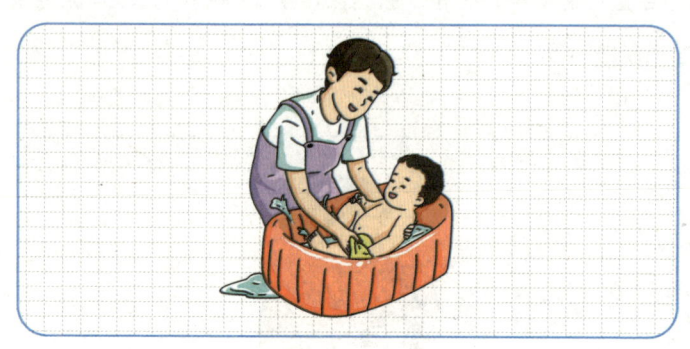

4. 新生儿需要经常更换尿不湿,保证屁股的清洁和干燥。每次换尿不湿时要给宝宝洗屁股,或者用宝宝专用湿纸巾将宝宝的屁股擦拭干净,然后抹上护臀霜,这样可以防止出现红屁股。给宝宝换上尿不湿后,要把腿周围的护边捋好,防止侧漏或勒住宝宝。

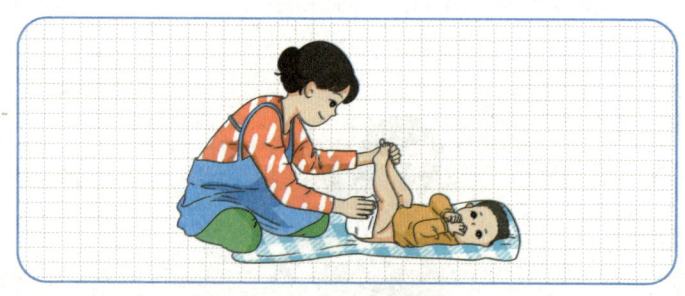

细心观察宝宝的身体、睡眠和排泄等情况。如果发现任何异常或不寻常的情况,要及时咨询医生。

昼夜颠倒，该怎样给宝宝"倒时差"？

新生儿可能会有白天叫不醒，晚上睡不着的现象，这是困扰新手父母的难题。当宝宝"睡反觉"时，父母需要帮助宝宝"倒时差"。

宝宝出现睡眠昼夜颠倒的原因是什么？

胎儿时期，宝宝在妈妈的子宫里，不分白天黑夜。

宝宝白天睡得过多，会导致晚上很精神。

家人太喜欢宝宝，总在逗宝宝玩，让宝宝错过了最佳入睡时机。

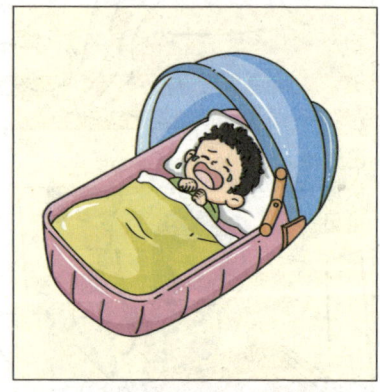

有的宝宝不睡觉是因为身体不舒服，必要时要带去医院检查。

⭐ 父母该如何帮宝宝"倒时差"呢？

1. 帮助宝宝逐步建立白天和晚上的意识。白天让房间透着自然光，让宝宝少睡觉；晚上拉上窗帘，把灯光调暗，保持房间安静，让宝宝知道该睡觉了。

2. 合理控制宝宝白天睡眠时长。白天多陪宝宝玩耍，减少宝宝白天睡觉的时间，帮宝宝"倒时差"，这样到晚上，宝宝就会睡长觉。

3.裹好包被，保障宝宝安心睡觉。准备一个舒服的睡袋或者包被，把宝宝包裹好，用来减少宝宝惊跳反射导致的半夜频繁惊醒。

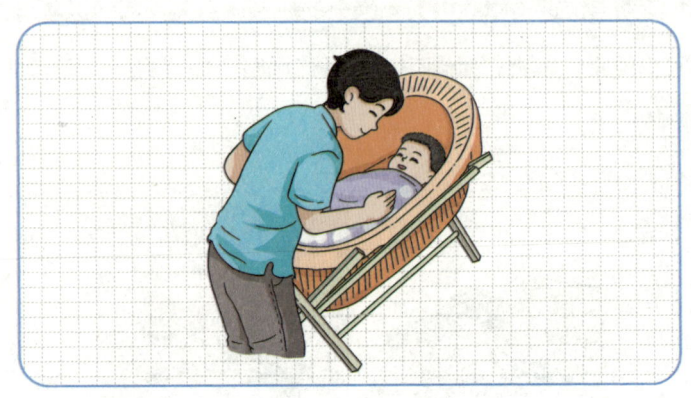

4.父母要养成好的作息习惯。父母的作息习惯对宝宝的影响是很大的。所以，宝宝睡觉时，父母不要在旁边玩手机，要陪着宝宝一起睡，这样宝宝才能更有安全感，才会很安心地睡觉。

★ 宝宝"倒时差"需要一个过程，新手父母要有足够的耐心。一般经过一周到半个月的时间，宝宝就会"倒好时差"。

宝宝一出生，视觉敏感期就来了

宝宝出生之前，生活在一个无光的世界里，宝宝出生以后，进入了一个有光的世界，视觉敏感期也随之而来。宝宝刚出生时，视网膜还没有发育成熟，视神经还不发达，只能看到很短距离内的东西，但是宝宝会寻找明暗交界的地方，例如窗帘、画框边缘等，来逐步适应光线，适应明暗，刺激视神经发育。到 6 个月时，宝宝经过视力发育，就能看清楚 2—3 米远的物体了。视力的发展给宝宝带来了一个全新的世界，宝宝对周围的一切都很好奇，喜欢看看这儿，看看那儿。

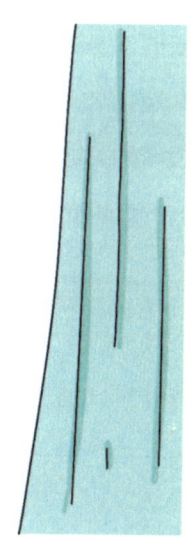

在0—6个月期间，视觉的发展对宝宝来说至关重要。他们通过眼睛认识外部世界，认识爸爸妈妈和身边的人。他们通过手眼配合，感知外部世界，以产生愉悦的情感体验和内心的满足感，促使心智和身体健康发展。

★ 不要人为遮挡宝宝的眼睛

有一个婴儿在出生后，一只眼睛因为感染缠了两个星期绷带。因为长时间无法接受外界信息，相关的神经功能退化了，导致这只眼睛永久性失明。这个事件说明，0—6个月是宝宝的视觉敏感期，也是视力发育的关键期，父母一定要重视保护宝宝的眼睛，不要长时间地把宝宝的眼睛蒙上，影响宝宝的视力发育。

★ 给孩子提供光线柔和的环境

新生儿的眼睛很稚嫩，对光线有一个适应过程，所以，新生儿的房间里不要使用强光，也不要让光线太暗。让孩子在光线柔和的环境里生活，有利于孩子的眼睛正常发育。

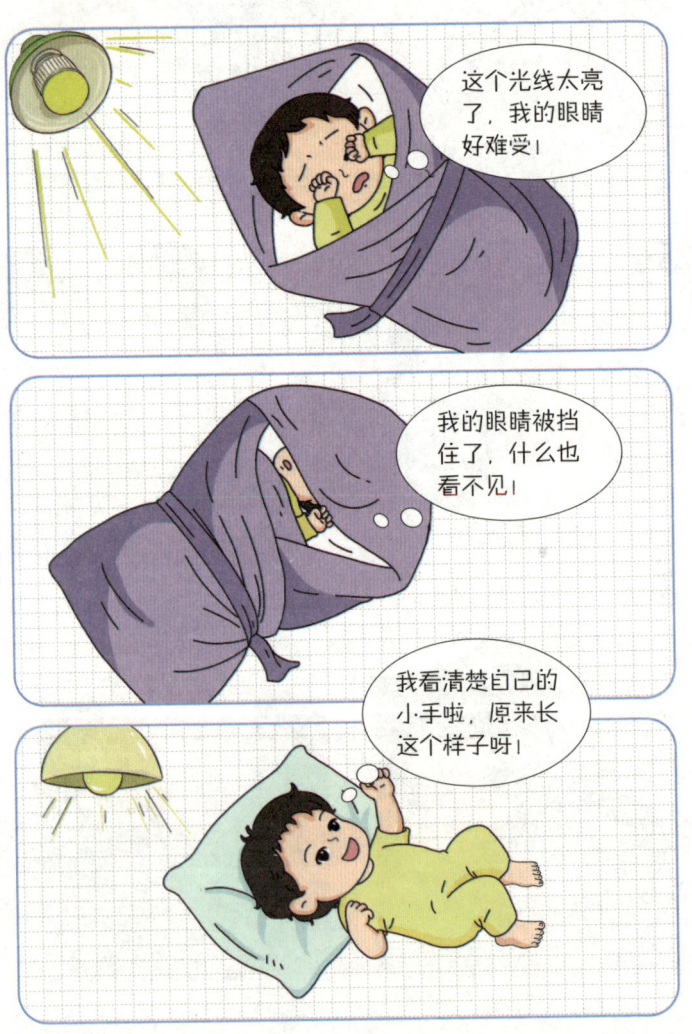

如何养育处于口欲敏感期的宝宝？

0—1岁的宝宝处于口欲敏感期。宝宝从一出生,就有强烈的吮吸欲望,会通过吮吸获取母乳。后来,宝宝学会了吃手,通过吃手唤醒手的功能。宝宝会通过抓取各种物品来品尝东西的味道,进而认识这些物品。孩子正是通过口腔唤醒手和脚,进而探索世界,认识世界,了解外在,构建自我,完善生命系统的。一般来说,宝宝的口欲敏感期会从出生持续到1岁左右,有的宝宝会持续到3岁,然后口欲敏感期慢慢结束。

宝宝口欲敏感期经历的三大阶段

阶段	宝宝的表现
一	宝宝开始用嘴吮吸母乳,舔嘴边的物品,会伸舌头,吐泡泡
二	宝宝开始吃手指,这是精细动作发展的一个飞跃,说明宝宝手眼协调,手指功能得到了进一步发展
三	宝宝会把各种物品放到嘴里品尝、检验,包括玩具、小手、脚丫、衣服等。嘴巴成为宝宝探索世界的工具,宝宝通过嘴巴认识世界、构建自我、完善生命系统

★ 处于口欲敏感期的宝宝为什么爱吃手和各种东西?

吃手是宝宝自我取悦的过程,宝宝通过吃手来获得自我安慰和身心愉悦感。

吃手可以唤醒手的各项功能，激发手的精细动作能力，进而刺激大脑神经系统发展。

宝宝通过吃各种东西来感知外部世界的味道、质感，从而认识外部世界，构建自我。

⭐ 如何帮助宝宝度过口欲敏感期?

1. 支持宝宝的吃手行为。父母可以经常把宝宝的手脚洗干净,把玩具洗干净,把孩子活动的环境收拾干净,让宝宝放心地吃自己喜欢的"美味"。

一些父母会担心宝宝的手不干净,或者担心吃手影响牙齿发育,不让宝宝吃手,殊不知这样的做法会导致宝宝的需求得不到满足,延长口欲敏感期。

宝宝吃手和各种东西是生长发育的内在需求决定的,吃的目的是认识世界,了解外在,构建自我。当父母强制性地阻止宝宝的这些探索性行为时,宝宝内心的需求会得不到满足,这会让宝宝内心挣扎,从而影响他们的情绪和心理发展。父母不要让自己的主观行为影响到宝宝的身心成长。

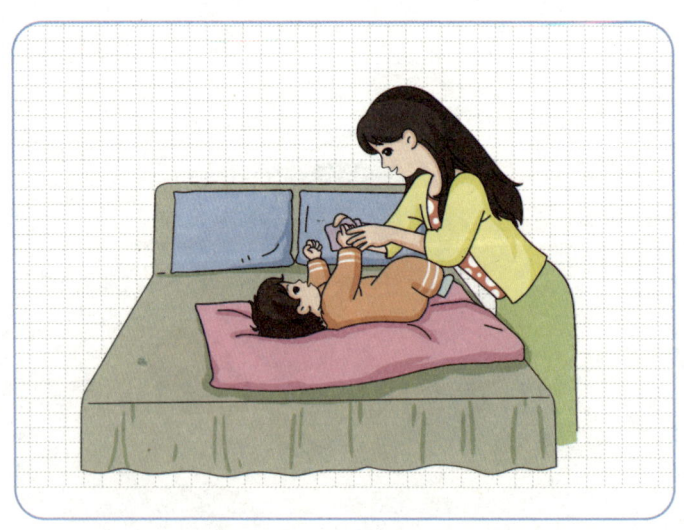

2.让宝宝自己学吃饭。8个月开始,宝宝就开始学吃饭了。父母要给孩子准备一些好消化的辅食,如香蕉泥、草莓泥等,让宝宝自己抓着吃。一方面训练宝宝手的灵活性、口手配合能力,另一方面让宝宝用口和手感知食物的味道、质感,认识外部事物。

所有的宝宝都是用嘴巴来打开这个世界的大门,并建立与这个世界的紧密关系的。这个过程顺利完成后,宝宝就为迎接世界做好了准备。

哭是婴儿的第一语言，识别宝宝的"哭泣代码"

宝宝一出生就会通过哭来表达自己的需求。1岁之前，宝宝饿了，困了，身体不舒服了，孤单害怕了，想妈妈了，都会哭。在整个婴幼儿时期，哭是宝宝的常态。

婴幼儿哭泣是表达生理和心理需求的一种正常方式，照顾者应该耐心倾听和观察，了解宝宝的真实需求，积极回应他们，解决宝宝面临的难题，给宝宝提供温暖和贴心的照顾。

⭐ 宝宝哭泣的真实原因

1. 生理需求。哭泣是宝宝表达生理需求的主要方式,当他们饥饿、口渴、想睡觉时,都会通过哭泣传递信号,让照顾者知道他们有需求了。

2. 不适或疼痛。宝宝哭泣可能是因为感到不适或疼痛,如发热、肚子胀气、腹痛等,他们通过哭泣寻求安慰和帮助。

3. 情感需求。宝宝感到孤独、不安全或需要安慰时,会通过哭泣寻求照顾者的关注和回应。

4. 运动需求。宝宝的大脑和身体在快速发育,需要经常运动来锻炼肌肉,所以他们经常想到外面去玩。如果父母不能满足他们玩的欲望,他们就会着急、哭泣。

★ 父母如何根据哭泣宝宝的需求照顾好宝宝?

1.辨别宝宝的哭声,不同的哭声表示不同的需求。例如,音高且急促的哭声可能表示宝宝感到了疼痛或者不适,低沉持续的哭声可能表示宝宝饥饿或困倦等。听到哭声后,父母要结合宝宝的面部表情、身体语言来辨别宝宝的需求。

2.宝宝哭泣有时是在表达他的基本需求,如饥饿、口渴、需要换尿布等。父母要按时给宝宝喂食、换尿布,确保宝宝感到舒适。

3.宝宝一个人待久了，可能会用哭泣的方式表示需要安抚和亲密接触，父母要及时把宝宝抱起来安抚，与宝宝说说话，让宝宝感受到父母的爱与温暖。

想让妈妈抱是吧？宝宝不哭。

4.有时候宝宝哭泣是因为环境过于刺激，父母要确保宝宝所处的环境温暖、安静和舒适，让宝宝情绪安定。

每个孩子都是独一无二的，需求和喜好各不相同。多观察和满足宝宝的生理和心理需求，与孩子建立情感连接，可以让宝宝更乖，成长得更好。

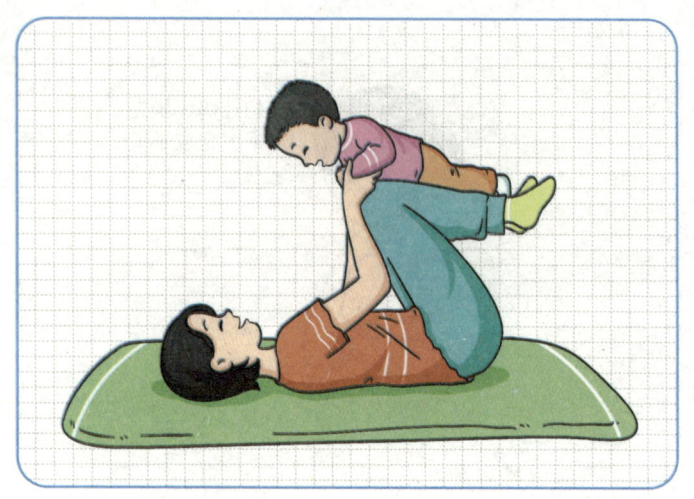

理解"婴言婴语",带你读懂小人儿的密语

小月龄的宝宝还不会说话,但他们在努力用自己的方式跟这个世界沟通,他们与世界交流的方式就是"婴言婴语"。"婴言婴语"包括发声、面部表情、眼神以及肢体语言等。作为父母,要有超强的感知力和领悟力,从"婴言婴语"中读懂宝宝发出的信号,知道宝宝的需求,及时回应宝宝。

0—1岁宝宝语言能力的发展阶段

月龄	语言能力
0—1个月	哭是宝宝的主要表达方式
1—4个月	此时宝宝可以发出a、o、e等音,偶尔会"咿""呀"发声
4—8个月	发音的数量逐渐增加,并开始主动发音。宝宝可以发出双音,例如"嗯嗯""喔喔""咦咦"等
8—12个月	宝宝找到了发音的乐趣,会发更多的音,并且能够把事物和词语对应起来,比如看到家人会念叨:"爸爸""妈妈""爷爷""奶奶"。此外,宝宝还能够说一些常见的食物名称,可以表达"饿了""渴了"等简单需求

无论是从听觉刺激还是语言发展的角度,多跟宝宝聊天和沟通都是很有必要的。宝宝虽然听不懂父母要表达的具体意思,但是可以通过表情和语调,感知到父母的关心,感受到亲情,从而建立起安全感和自我肯定感。

★ 父母该如何与 0—1 岁的宝宝进行交流?

1. 跟 0—6 个月的宝宝说话时,父母的表情应尽量丰富,语气应尽量夸张,让宝宝通过神态和语气,捕捉到父母的情绪。

2. 跟 6 个月—1 岁的宝宝说话时,应尽量放慢语速,多次重复,让宝宝看清口型。因为这时是宝宝的语言模仿期,这样做可以让宝宝模仿大人说话。

3. 最重要的是，父母要经常告诉宝宝："宝宝，爸爸妈妈爱你！"让宝宝知道父母爱他，建立起自我肯定感和安全感，健康成长。

1岁之前的宝宝主要通过哭泣、肢体语言和简单发音来表达自己的需求。父母要做细心的观察者，通过"婴言婴语"、行为和哭声来了解宝宝的真实需求，安抚和照顾他们，让宝宝感受到被珍视。

安全感,送给宝宝的第一份礼物

宝宝刚来到世界上时,对一切都感到陌生,温度、光线、声音都会影响他们的感受。宝宝虽然不会说话,但是对周围的一切都很敏感,因此他们非常需要安全感。父母温暖的怀抱、亲切的爱抚、温柔的话语都能让宝宝感到安心、安全。

宝宝的安全感来自父母,来自家人和周围人的态度,来自和谐的家庭关系。1岁以前是宝宝建立安全感最重要的阶段,宝宝若能在这个阶段获得足够的安全感,就能奠定好对世界认知的基础,确定好对整个世界的信任感。

缺乏安全感的宝宝情绪波动大、敏感脆弱。宝宝一生的底气来自小时候父母给予的爱、尊重和保护,有了父母的爱,他们才会内心无惧,勇往直前。

⭐ 父母如何帮宝宝建立安全感？

1. 多给予爱与关怀。父母要体贴地照顾宝宝，让宝宝感受到被爱和被保护，感觉自己很幸福。

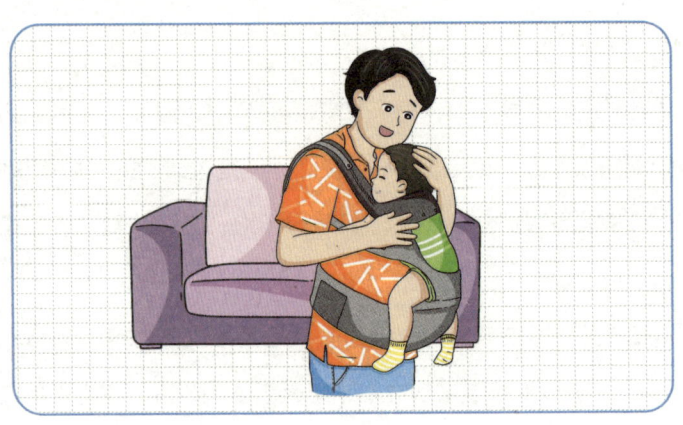

2. 提供温暖、舒适的生活环境。父母要确保宝宝的衣物和被褥很舒适，室内温度、光线、声音适宜，生活环境温暖、干净，让宝宝感到舒适和安全。

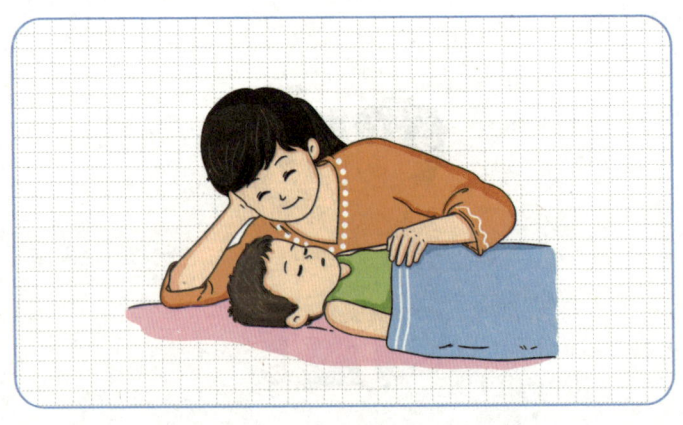

3.帮助宝宝养成规律的生活方式。宝宝的生活需要有规律,父母要每天按时喂养,让宝宝按时睡觉,在固定的时间玩游戏,这样宝宝才会感到很安心。

4.及时照顾宝宝的需求。当宝宝哭泣或需要安慰时,父母要及时抱起宝宝,给予他关心和照顾,这样宝宝才能有良好的情绪。

5. 多与宝宝交流互动。与宝宝交流可以使宝宝情绪愉快。与宝宝互动时，父母要与宝宝保持眼神交流，促进亲子之间的情感连接与情绪交流。

6. 情绪保持平静和稳定。父母的情绪会影响宝宝，平和稳定的情绪能给宝宝安全感，让宝宝感到舒适愉悦，身心放松。所以父母要保持良好的情绪。

宝宝建立安全感的 5 个关键时期

1. 孕期

宝宝安全感的建立从准妈妈孕期就开始了。孕期准妈妈的情绪、饮食、生活方式直接影响着胎儿的身体发育和心理健康。放松、平和的情绪能给胎儿带来安全感,合理的饮食和生活方式有利于胎儿身心生长发育。

2. 新生儿期

新生儿对亲密的身体接触和温暖的关怀非常敏感,父母的亲吻、拥抱、喂养和安抚都可以为宝宝建立早期的安全感。

3. 婴儿期

婴儿期是宝宝建立基本安全感的重要阶段。父母的关爱、关注和回应对宝宝的情感发展和安全感的建立至关重要。帮助宝宝养成良好的习惯,给宝宝提供可预测的成长环境和安全的睡眠环境,有助于宝宝安全感的建立。

4. 幼儿期

当宝宝开始挣脱父母的怀抱，探索周围世界时，父母的支持和陪伴对宝宝安全感的建立至关重要。父母的鼓励、参与能够让宝宝充满信心地探索新鲜事物。

5. 儿童期

在这个阶段，宝宝会逐渐与外界建立更多的社交关系，稳定和充满关怀的家庭环境能给宝宝提供安全感，帮助宝宝在社交时更有自信心，保持积极的情感状态。

⭐ <u>宝宝对父母十分依赖。他们对安全的需求非常强烈。父母要保持情绪的平和稳定，给宝宝提供稳定、温暖和有爱的环境，及时回应宝宝的需求，帮助宝宝建立起安全感和对社会的信任感，为宝宝身心健康打好基础。</u>

婴儿期的亲子依恋将影响宝宝一生

宝宝出生后的第 1 个月是生活在"自闭状态"中的，没有很强的亲子依恋。2—6 个月，宝宝与妈妈形成亲密的共生关系，宝宝在心理上认为他与妈妈是一体的。妈妈的呵护、喂养和爱抚，让宝宝形成了最初的安全感和对身边世界的信任感。6 个月后，宝宝开始独立，尝试着离开父母的怀抱，自主坐起、爬行、站立、说话、走路、开始探索外部世界。但在探索实践中，宝宝会遇到很多挫折。因此，在心灵上他又非常依恋父母，期待父母的陪伴、照顾、疼爱、赞赏、共情。这种心灵上的依恋是宝宝与父母之间形成的特殊情感连接。宝宝在父母的理解和帮助下不断提升技能，建立自信，对世界也开始信任。

由上可见，婴儿期是婴幼儿与父母建立亲子依恋关系的关键时期。良好的亲子依恋关系会让宝宝更大胆、独立，敢于积极探索周围世界，安全感和自信心更强。

在宝宝建立亲子依恋的阶段，不要频繁地更换其照顾者，保持照顾者的固定有利于宝宝建立亲子依恋关系，从而形成对外部事物的信任。

当爸爸妈妈离开后……

⭐ 宝宝的亲子依恋有哪些类型？

1.安全型依恋。有安全型依恋的宝宝会把父母当成安全的港湾，父母离开时他们能够安心玩耍，父母回来时他们能够积极迎接。这主要是因为父母平时能够高质量地陪伴宝宝，使宝宝情绪稳定，面对分离时心态平和，不焦虑。

2.回避型依恋。有回避型依恋的宝宝对父母的离开没有太大情感起伏,父母回来后也不会积极回应。这主要是因为父母对宝宝的关心不够,让宝宝情感上不依恋父母。其实宝宝内心是渴望父母关心的,但是父母关心得不够,使得宝宝对父母的情感冷漠了。

3.矛盾型依恋。有矛盾型依恋的宝宝在父母离开和回来时表现出矛盾的行为。如在父母离开时很不安,父母回来后又抗拒父母的安抚。这主要是因为父母对宝宝的态度时而热情时而冷淡,没有表现出稳定的情感,让宝宝对父母的情感也十分矛盾。

4.混乱型依恋。有混乱型依恋的宝宝面对父母的离开和回来没有规律的情绪状态，反应难以监控和预测。这主要是因为父母常忽视甚至虐待宝宝，让宝宝对父母的感情也不稳定。

★ 这些亲子依恋会对宝宝产生哪些影响？

第一种依恋是安全型的亲子依恋，第二、三、四种依恋是不安全型的亲子依恋。有安全型亲子依恋的宝宝好奇心强、热爱探索，在与同伴交往中热情主动。有不安全型亲子依恋的宝宝缺乏安全感，与人交往意愿弱，很难发展积极情感和建立健全人格。所以，父母要注意建立安全型的亲子依恋关系，使宝宝能够从小建立起安全感和对世界的信任感。

如何建立安全型亲子依恋关系？

要给予宝宝充分关注，积极回应宝宝的需求，让宝宝获得心理安慰，建立起亲子信任。

要经常对宝宝给予鼓励，让宝宝感受到父母的支持。

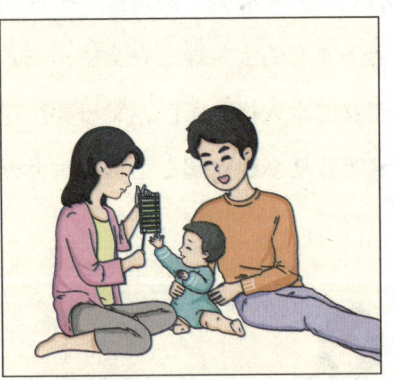

尽量保持照顾者的固定，让宝宝感到安全。

经常和宝宝进行肌肤接触和情感沟通，让宝宝感受到被爱和珍视。

健康分离，不让宝宝在焦虑中成长

宝宝在 6 个月之后，开始意识到自己是一个独立的个体，与妈妈是分离的。他们开始尝试独立，却又因在探索实践中不断遇到很多挫折而在心理上感到孤单、不安全，开始非常黏妈妈。看不见妈妈时，他们会担心、害怕，怕妈妈消失不见；看到妈妈时，他们会很开心。这一时期，宝宝会出现第一个分离焦虑期。

宝宝的第一个分离焦虑高峰出现在 10—18 个月。之后，到宝宝上幼儿园时，会出现第二个分离焦虑高峰。

⭐ 宝宝为什么会出现分离焦虑？

自出生以后，宝宝一直与妈妈在一起，他们便顺理成章地认为，妈妈和自己是一体的。当宝宝意识到自己与妈妈是独立的个体，妈妈会离开自己时，会很担心妈妈消失不见，因此就会产生恐惧心理和不安全感，产生分离焦虑。

⭐ 分离焦虑对宝宝的成长有什么影响？

分离焦虑是婴幼儿因与妈妈分离而产生的焦虑、不安、烦躁的情绪。婴幼儿正处于养成健康心理和建立良好情绪的关键期，分离焦虑会让宝宝精神紧张，没有安全感，最终会导致内分泌紊乱，影响宝宝身心健康成长。所以，父母要意识到分离对宝宝的影响，循序渐进与宝宝做好健康分离，让宝宝在有心理准备的情况下慢慢接受分离。

⭐ 父母应该如何与宝宝分离？

1. 通过"躲猫猫"游戏让宝宝体验短暂分离。父母可以通过"躲猫猫"这个亲子游戏，让宝宝体验与父母短暂分离，帮助宝宝学会承受父母暂时离开的心理压力。这个游戏可以促进孩子心理成长，长期训练下去，宝宝就不会再害怕和父母短暂分离了。

2. 逐步增加分离时间，提高频率。在宝宝状态比较好的时候，可以与他短暂分离，然后重聚，让宝宝适应和父母的分离。随着宝宝适应短暂分离的能力不断增强，逐步延长分离的时间，提高分离的频率，让宝宝慢慢适应父母的长时间离开。

3.搞好分离仪式。有些宝宝看到父母离开时,会哭得撕心裂肺。这时,父母不要强行离开,要抱抱宝宝,亲亲宝宝,温柔地给宝宝讲自己很快就会回来,让宝宝别担心。回到家后,父母要抱起宝宝,告诉宝宝:"爸爸妈妈回来了!"让宝宝知道,父母出去后会回来,不用担心父母会消失。

4. 愉快地离开。每个焦虑宝宝的背后，都有一对有分离焦虑的父母。父母的焦虑情绪会传递给宝宝，让宝宝产生紧张感。所以，父母要保持愉悦的心情，以平和的状态与宝宝说再见，让宝宝不害怕父母离开。

别打扰，给宝宝适当的"独处"空间

很多父母在看到宝宝一个人玩耍时，会担心宝宝孤独、不快乐。其实，宝宝一个人玩儿时，能更专注地探索周围的世界，自由地观察和思考，随心所欲地自娱自乐，这对培养宝宝的专注力、思考力和独立性都很有好处。

宝宝独自玩自己的手、自己的脚丫，抓玩具吃，都是独自接触、观察、研究这个外部世界的过程。宝宝在自娱自乐中学会独立思考，不依赖他人，不再因为父母的短暂离开而不安，这些都有助于其成长。

⭐ 父母要根据宝宝的反应决定是否让其"独处"

1. 宝宝是不是需要"独处",需要父母多观察。当宝宝自己手里拿着玩具,认真地观察,或者小声地对着玩具咿呀说话,表情轻松愉快的时候,就是宝宝在自娱自乐,这时不要打扰他。

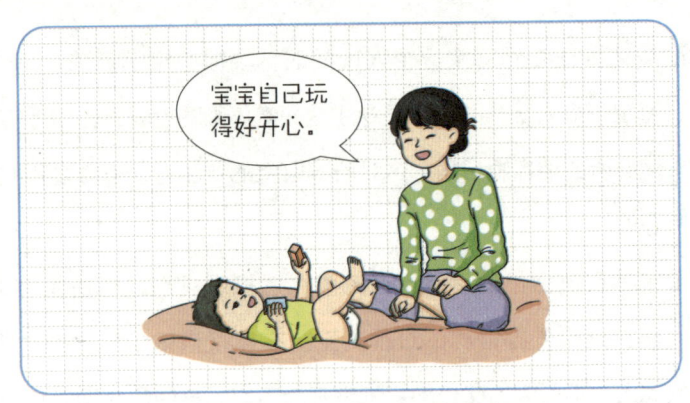

2. 当宝宝发出"啊啊"的喊叫,或者表现出烦躁不安的情绪时,说明宝宝不想自己玩了。此时,父母可以把宝宝抱起来,陪宝宝一起玩耍。

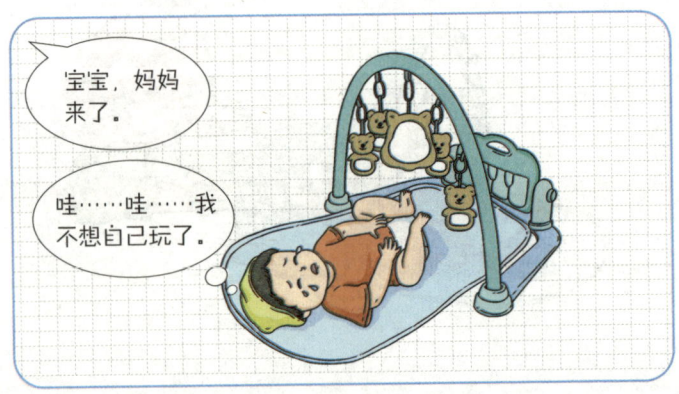

⭐ 宝宝独自玩耍时,父母要注意以下几点:

1. 给宝宝提供安全的玩耍空间。要让宝宝待在安全的空间里,防止宝宝翻身、爬行时触碰到不安全的东西。药品、纽扣等小物品要收好,家具边角要包好,插座插孔要封好,防止宝宝误食或被伤害。

2. 给宝宝提供安全的玩具。给宝宝提供一些好玩又安全的玩具,将它们放在宝宝触手可及的地方,让宝宝喜欢上独自玩耍。

3. 注意观察宝宝的情绪。宝宝独自玩耍的时候,父母要留意宝宝的情绪,一旦宝宝烦躁不安,父母就要及时出现,把宝宝抱起来进行安抚,避免宝宝没有安全感。

值得一提的是,让宝宝"独处",并不是让他单独待在别处。在这个过程中,父母虽然不要过多打扰宝宝,但还是需要随时查看他们的一举一动,确保安全。

哪些玩具适合宝宝自己玩呢？

拨浪鼓：宝宝一摇动拨浪鼓，它就能发出声音，引起宝宝的兴趣，让宝宝很开心。在反复摇动拨浪鼓时，宝宝能练习听力和节奏感。

玩偶：通过观察玩偶的颜色、形状，用嘴巴感受它的质感，宝宝的观察力、感知力、思考力就逐步培养起来了。

积木：玩积木可以让宝宝了解大、小、形状、颜色的概念。宝宝能通过垒起、推倒动作的不断重复，锻炼动手能力。

皮球：扔皮球，捡皮球，抱着皮球啃，这些动作宝宝乐此不疲。通过与皮球的互动，宝宝的四肢得到了锻炼。

宝宝喜欢撕纸，手部敏感期来了

细心的父母会发现,宝宝进入半岁以后,开始爱上一种"游戏"——撕纸。一堆玩具也抵不上一张纸有吸引力。

⭐ 处于手部敏感期的宝宝为什么喜欢撕纸?

进入了手部敏感期的宝宝,不断用手做各种事情,手部动作越来越协调,手指越来越灵活。宝宝通过撕纸发现,自己不仅能够把一张纸撕成各种形状、大小,在撕纸过程中还能发出"沙沙"声,很奇妙,很好玩,就更喜欢撕纸了。

宝宝喜欢通过撕纸感受手指力量带来的快感,并通过撕纸锻炼手眼的协调配合能力和双手的反向运动能力。随着手部精细动作越来越熟练,宝宝的手部力量和手指的灵活性就不断提升了。

撕纸不但能锻炼宝宝手部精细动作,还能刺激宝宝大脑神经系统发育,对宝宝的成长有好处。

父母如何帮助宝宝度过爱撕纸的手部敏感期?

不要让宝宝撕太过锋利的印刷纸。父母可以给宝宝提供面巾纸、婴儿棉柔巾,这样不伤手,也比较干净。

宝宝撕纸时,大人要在旁边看护着,防止宝宝吃纸。

父母可以陪宝宝一起撕纸,把纸撕成三角形、正方形、圆形等,让宝宝在撕纸的过程中认识形状。

撕纸之后,父母要及时给宝宝洗手,以免宝宝吃手时误食有害物质。

从镜子中认识自己，宝宝越照镜子越聪明

父母可能会注意到：宝宝刚看到镜子里的自己时，会表现出疑惑和打量的神态，静静地观察镜子中的自己，然后会兴奋、尖叫或者拍打镜子。当发现镜子中的小人儿跟自己互动时，更是高兴得手舞足蹈。

宝宝照镜子，有助于其视觉的发展，同时促进其认知能力和感知能力的发展。因此，照镜子会让宝宝变得更聪明。

4—5个月大的宝宝在照镜子的时候,并不知道镜子中的小宝宝是自己,他们会把镜子中的自己当成可以一起玩耍的"小伙伴",并通过手舞足蹈来引起"小伙伴"的注意。

随着大脑发育,经常照镜子的宝宝就会思考:镜子中的宝宝是谁?他为什么与我动作一样?为什么我笑他也笑?他旁边为什么也有我的妈妈?到了1岁左右,随着大脑发育和自我认知能力的提升,宝宝就能认识到镜子中的小人儿是自己。

需要注意的是,在宝宝照镜子时,父母一定要陪在身边,以防意外发生。

★ 为什么说宝宝越照镜子越聪明?

1. 镜子里的形象能够吸引宝宝的注意力,让宝宝产生兴趣。通过观察和触摸镜子里的"人",宝宝的感知能力和观察能力会得到发展。

2.宝宝在镜子中看到自己的形象时，会很好奇，看到镜子里的自己做出各种动作，会倾身向前触摸拍打，思考如何与对方互动，从而开始体验社交，最终掌握一些基本的社交技巧。

3.镜子有助于宝宝看到自己的形象，认识身体部位、表情和动作。通过观察镜子中自己的模样，宝宝能建立起对自己的认知和理解，提升自我意识和自我认同感。

父母应该如何让宝宝通过照镜子建立自我认知？

这是圆圆，就是你哟。

在带宝宝照镜子时，指着镜子中的宝宝叫宝宝的名字，让宝宝把镜子里的宝宝与自己联系起来。

在宝宝额头上贴上贴画，引导宝宝一边看着镜子里的自己一边把贴画撕掉。宝宝刚开始会去撕镜子中的贴画，父母要指着宝宝的额头，告诉宝宝"在这里哟"，让宝宝认识到镜子中的宝宝是自己的影像，从而建立自我认知。

在这里哟。

看，这是你的鼻子。

通过镜子告诉宝宝鼻子、眼睛、嘴巴的位置，让宝宝认识自己的五官。

把饭勺交给宝宝，促进精细动作发育

7—8个月大的宝宝喜欢抢饭勺，用手抓饭，然后把饭抹到脸上、饭桌上，弄得到处都是。一些父母觉得让宝宝自己吃饭很麻烦，就放弃让宝宝自主吃饭，由大人负责喂饭。

其实，8个月是宝宝学习自主进食的"黄金期"。在这一时期，宝宝双手的抓握能力会提升很多，手眼协调能力也显著提高，能够拿着饭勺把饭送到嘴里了。把饭勺交给宝宝，让宝宝学习吃饭，既有益于提升宝宝手的灵活性，促进精细动作发展，刺激大脑发育，也能锻炼宝宝的独立生活能力，解放父母，是一举多得的事情。

⭐ 宝宝能独立吃饭的前提条件：

1. 大运动发育：宝宝能够独立坐直。

2. 精细动作发育：宝宝能够拿起食物放入口中。

3. 认知发育：宝宝对食物表现出浓厚兴趣，喜欢盯着父母吃饭。

4. 宝宝跟父母抢饭勺，想自己拿饭勺吃饭。

⭐ 把饭勺交给宝宝，可以培养宝宝的多项能力

把饭勺交给宝宝，让宝宝自主吃饭的好处如下：

1. 宝宝自己拿饭勺吃饭，能锻炼手的灵活性，促进手部肌肉发育和手指神经系统发育，提升手眼协调能力和手脑协调能力。

2. 宝宝自己吃饭，会有满满的成就感，会从被动给予变成主动选择，选择自己喜欢的食物吃，吃饭也多了很多乐趣，宝宝就会乐在其中，喜欢吃饭。

3. 宝宝自主进食时，可以通过气味、口感、温度等信息，感知每种食物的不同。这些信息传入宝宝的大脑神经系统，有助于提升宝宝的感知能力和认知能力。

4. 宝宝自己拿着饭勺把饭送进嘴里，手眼嘴互相配合，协调统一，独立行动的能力大大提升。这不仅让宝宝有成就感，更让他们对自己有信心，减少对大人的依赖。

父母该如何帮助宝宝自主进食？

宝宝刚开始使用勺子、筷子等餐具时，总是笨手笨脚的。父母要多给宝宝做示范，让宝宝掌握使用方法和技巧，然后在不断练习中熟能生巧。

吃饭时不可以玩玩具哟。

让宝宝吃饭的时候不玩玩具，专注于吃饭这一件事。这有助于宝宝进食，也有助于宝宝注意力的培养。

一次不要抓那么多哟！

宝宝自己吃饭时，会把饭菜弄得到处都是，这是很正常的。随着练习次数的增多，情况会得到改善。

爬呀爬，
爱爬的宝宝都是探险家

宝宝8个月以后就学会往前爬了，这大大扩展了宝宝的活动空间，也使宝宝可以自主探索周围的世界。但同时，这也意味着父母要多操心，把周围的小东西收拾好，防止宝宝误食或被伤害。

每一个宝宝在1岁之内，大致都会遵循这样一个生长发育规律："一睡、二抬、三翻、四撑、五抓、六坐、七滚、八爬、九长牙、十站、十一扶、十二走"。这个规律体现着宝宝大运动能力的发展进程，包括肢体的协调性、灵活性和平衡性，以及头颈部、躯干和四肢的自主控制能力。

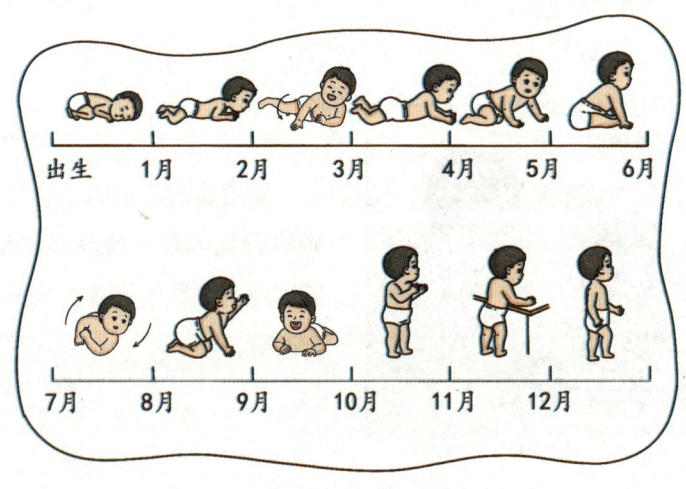

宝宝生长发育规律

⭐ 宝宝学习爬行的过程

宝宝刚开始爬行时，大多是匍匐前进。因为刚学爬行的宝宝，腰腹力量和四肢力量还不够强大，不能支撑起身体，因此只能腹部贴地，四肢划动。结果有的宝宝会在原地打转，有的宝宝会向后倒退，又好笑又可爱。宝宝在匍匐爬行一段时间以后，四肢和腰腹部肌肉力量不断增强，可以用手和膝盖支撑起身体爬行，腹部也逐渐离开地面，这时，爬行才算真正开始。随着四肢越来越协调，宝宝就可以手脚并用爬行了。

⭐ 爬行三部曲

第一步：匍匐前进

第二步：手膝并用爬行

第三步：手脚并用爬行

⭐ 父母可以干预宝宝的爬行进程吗？

在宝宝开始爬行的时候，大部分父母都会沉浸在宝宝掌握了一项新技能的喜悦中。可是，在宝宝爬行一段时间后，有的父母就会嫌宝宝爬行不卫生，不想让宝宝爬了。还有的父母见宝宝已经掌握爬行技能，便会扶着宝宝站起来，急于让宝宝提前学走路。

这两种人为干预的做法都不是帮助宝宝成长的好办法。宝宝发育的每个阶段都有一个自然进程，父母要尊重孩子的成长规律，不人为干预这个成长进程。

⭐ 宝宝爬行有哪些好处？

1. 促进宝宝身体各部位成长和大运动能力发展，刺激宝宝四肢和腰部肌肉发育，提升宝宝身体的灵活性和协调能力。

2. 宝宝依靠自己就可以移动身体，扩大活动范围，这能提升宝宝探索外部世界的兴趣，进而促进宝宝的智力发育。

3. 宝宝刚开始爬行很不容易，需要反复练习才能越爬越好。爬行途中还会遇到障碍物，需要不断调整方向，这能锻炼宝宝克服困难和适应不同环境的能力，让宝宝越来越能干。

⭐ 父母该如何帮助宝宝爬行？

1.宝宝开始爬行的时间有早有晚，爬行的姿势各不相同，父母不要过度干预，不要揠苗助长，要让宝宝按照自己成长的节奏练习爬行。

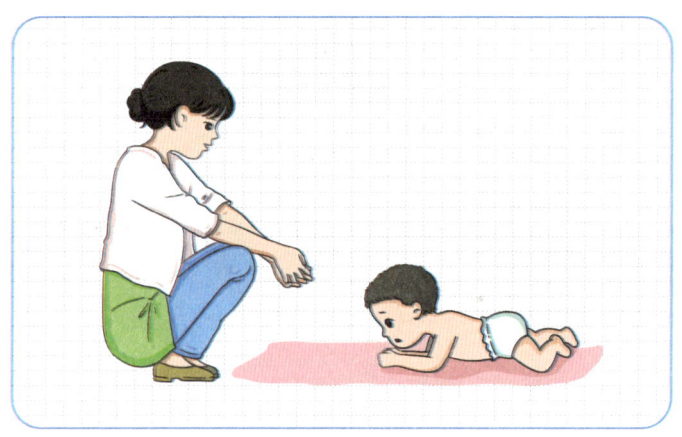

2.尽量不要让宝宝在床上练习爬行，因为床太软不好发力，还会有坠床的危险。可以在客厅给宝宝布置一个舒适的爬行环境，包好周围物体的棱角，收好各种小物件，封好电源插孔，让宝宝尽情爬行。

3.宝宝刚学爬行时,腿上力量不够,会在原地打转或者后退,父母可以抵住孩子的脚底,让孩子借力爬行。经过一段时间的练习,宝宝就会越爬越好。

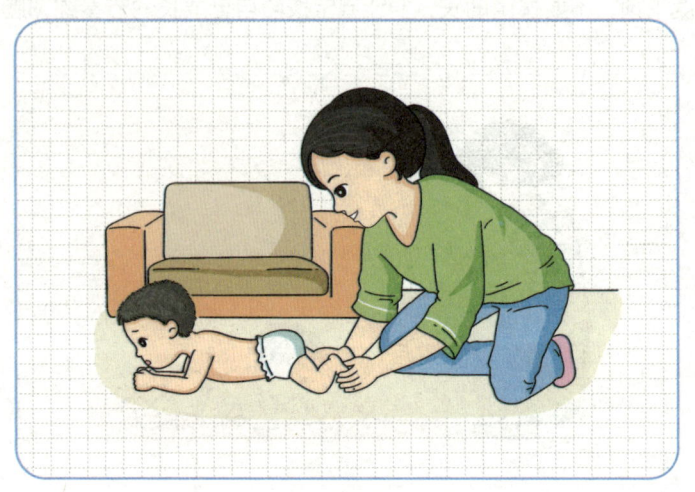

第二章

1—2岁，精细动作快速发展，认知逐步开始建立

1—2岁宝宝五大能区发展路径图

月龄	能区				
	大运动	精细动作	认知能力	语言能力	情绪和社会行为能力
12—15个月	可以独立行走；能倒退3步；能推或拉着玩具走；能扶着栏杆上楼梯	可以将瓶中的小饼干倒出；能将小球放入瓶中	逐步认识自己的五官，并可以用手指出五官	会用单词表达自己的想法；能说一些让人无法理解的句子	理解家长表达的情感并作出反应；更多时候只关注自己，不在意别人
15—18个月	可以扶栏杆下楼梯（3步以上）；能独自爬上椅子等物体；跑步时摔倒的次数变少	会自己用饭勺吃食物；能自己脱裤子；会盖瓶盖	知道熟悉的东西放置的位置	能说出10个以上的字	开始明白物品与所属人的关系；能够执行一些简单的指令
18—21个月	能走直线；会向前踢球；可以左右脚轮换单脚站立；能够蹲着玩	可以把杯子中的水倒入碗中；能搭建7到8块积木；可以用线穿扣眼	学会用名字称呼自己；开始用"我"代表自己	会说出自己的需求；能有意识地说出3到5个字的短句	受到表扬或批评时会产生相应的情绪；开始有占有意识

(续表)

月龄	能 区				
	大运动	精细动作	认知能力	语言能力	情绪和社会行为能力
21—24个月	可以双足同时跳离地面2次以上；能够踮起脚走几步；会滑滑梯	可以用手一页页翻书；能打开门把手	知道"好"和"不好"；会根据人的外貌和年龄给予不同称呼	会说两句以上的儿歌；看书时可以说出其中的一两个人物或一两件事情；会说"谢谢""再见"	可以离开父母一会儿；能独自安静地玩；看到陌生人会害羞

上面说的是一些普遍现象，并不意味着所有宝宝都一样。爸爸妈妈不要过多地关注宝宝比别人落后多少，而应该将注意力放在宝宝的每一点进步上，给予宝宝高质量的陪伴。

牙牙学语期，帮宝宝做好语言启蒙

宝宝1岁前后就逐步开口说话了，会说"爸爸""妈妈""狗狗""拜拜""菜菜""不""好"等。宝宝还会用"咿""呀""啊"配合肢体语言表达自己的想法，让大人明白自己的意思。随着月龄增长，宝宝会说的词语也越来越多。

这一时期是宝宝学习语言的最佳时期。父母要注意给孩子创造语言环境，让宝宝多听多说，不断提升语言能力。

⭐ 造成宝宝说话晚的原因很多，比如：

1.家长和孩子说话少，语言不规范。一些父母日常很少与宝宝交流，使宝宝缺乏学习语言的环境，得不到语言熏陶，语言能力发展缓慢。还有一些父母说话时发音不标准，宝宝听不懂，不理解，这也会影响语言能力的发展。

2.父母照顾太贴心，宝宝缺少表达机会。一些父母对宝宝照顾得太贴心，宝宝一哭，小手一指，父母立即就"服务"到跟前，让宝宝没用语言表达自己意愿的机会，语言能力得不到发展。

3.宝宝学习说话的时候,父母不积极引导。有些宝宝说话吐字不清,但父母不告诉宝宝应该怎么发音,让宝宝没有办法准确表达自己的想法,影响正常学说话。

⭐ 宝宝学说话期,父母应该如何培养他们的语言能力呢?

1.多对孩子说话。经常对宝宝说话,如"宝宝,你想出去玩吗?""宝宝想吃什么饭呀?""宝宝,这是什么玩具呀?"与宝宝说话时,使用简单明了的语言,语速缓慢、清晰,重复关键词汇,让宝宝看到自己的口型,便于宝宝理解和模仿。

2.要创造一个良好的语言环境。在家里经常播放儿童音乐、儿歌，经常与宝宝交流互动，让宝宝理解语言的意义，在有意无意中接受语言的熏陶，促进语言能力的发展。

3.给宝宝提供与其他宝宝互动的机会。让宝宝与同龄宝宝一起玩耍交流，在主动说话中提升语言能力。

4. 父母与宝宝交流时使用的语言，会潜移默化地传递给宝宝，因此父母要尽量说规范的语言，说结构完整的句子。

5. 给宝宝吃一些需要咀嚼的食物，如磨牙饼干，促进口腔肌肉发育，提升口腔肌肉运动的协调性和灵活性。

6.给宝宝读绘本、讲故事,提升宝宝的词汇量、理解能力和表达能力,让孩子在潜移默化中学会使用语言表达自己的想法。

宝宝语言能力发展进程对照表

年龄	语言发展阶段	语言发展情况
0—12个月	预语言阶段	宝宝通过发出各种音节和声音来探索语言,并通过非语言方式,如表情和手势来与他人沟通
1—2岁	语言起步期,学习单词和简单短语的阶段	能够说一些词语和简单的短句,语法和发音还不够准确。能够用单词来标识物体、人和动作,能够理解和完成简单的指令
2—4岁	口语表达关键期,学习句子和语法的阶段	词汇量不断增加,发音已经基本正确,会使用基本正确的语法和较为复杂的句子进行交流,爱提问题,能够完成连续的两三个指令
4—6岁	使用流利口语的阶段	词汇量大大增加,能够使用更复杂的词汇、语法和句型,能用流利而准确的语言表达自己的思想和感受,能够参与更深入的对话,能够理解一些抽象的概念

告别认生，
帮宝宝走出自我封闭的世界

宝宝在6个月以后，会出现认生现象。见到陌生人和到陌生环境时，会感到不安和紧张。要么保持警惕和戒备心理，不让陌生人接近自己；要么躲在家人怀里，不愿意面对陌生人。只有熟悉的环境、熟悉的人才能让宝宝有安全感。

这种情况是正常现象。这一阶段的宝宝逐渐意识到自己是作为独立个体存在的，陌生环境和陌生人不可预测，不知是否可以信赖。这种感受让宝宝开始启动自我保护机制，对陌生人和陌生环境保持戒备心。这一时期是宝宝走出封闭的自我，开始社交启蒙和情感发展的关键时期，父母要帮助宝宝逐步克服认生心理，走出自我封闭的世界，迈出社交第一步。

★ 如何帮助宝宝克服认生心理?

1.多给宝宝安全感。多抱抱宝宝,关心宝宝,与宝宝交流互动,让他们知道,爸爸妈妈爱自己,会保护自己,自己是安全的,在内心形成安全感。

2.多带宝宝接触外部世界。让宝宝熟悉不同环境,与不同的人交流互动,减少宝宝对新环境和外人的陌生感。

3. 提前告知宝宝行程。去任何新环境之前，提前告诉宝宝今天要去哪里，见什么人，做什么事情，让宝宝提前做好心理准备，减少紧张不安的情绪。

4. 父母要做好表率。父母要主动跟外人打招呼，为宝宝做出示范，让宝宝知道家人之外的人并不可怕，减少戒备心理，敢于与外人交流互动。

迈开人生第一步，宝宝开始走路了

很多宝宝会在 11 个月左右开始学走路。在这个阶段，如果父母发现宝宝发出想走路的信号，就可以让宝宝扶着茶几、凳子、栏杆等小步移动，学习走路。这种状态持续两个月左右后，宝宝就能够松开手独立走路了。

走路是宝宝生长发育阶段的标志性行为。受肢体协调性和平衡性等多重因素的影响，每个宝宝会走路的时间并不一致。有的很早就能走路，有的会晚一些，父母不要着急。尊重宝宝的成长节奏，耐心鼓励是帮助宝宝学习走路的关键。

⭐ 父母应该如何帮助宝宝学走路呢?

1.提供安全的环境。确保家中没有危险物品或尖锐的家具边角等可能伤到宝宝的东西;及时清理地面上的杂物,防止宝宝摔倒碰伤;安装婴儿安全门来限制宝宝进入危险区域。

2.让宝宝扶着物体走路。宝宝刚开始学走路时,腿部肌肉力量还不够强,协调性还不够好,很容易摔跤。父母可以让宝宝扶着物体走,借助物体保持身体平衡。

3.提供稳定支撑。在宝宝学习走路的初期,可以提供一些稳定的支撑,如手推车或婴儿学步带。这些工具可以给宝宝一些平衡和支持,使他们更容易掌握走路的技巧。

4.装扮轻便,轻松走路。宝宝学走路时,为了让宝宝能感知地面高低,从而维持身体平衡,要给宝宝穿轻便的鞋子、舒适的衣服,方便宝宝走路。

5. 多鼓励支持宝宝。有的宝宝已经可以很稳地站立，但因为担心摔倒，不敢迈步。家长可以让宝宝抓住大人的手指走，让他们体会迈开步走路的感觉，然后站在一步之外，鼓励宝宝走过去，说："宝宝，来妈妈这里。"让宝宝做出尝试。

6. 始终陪伴，保障宝宝安全。在宝宝学习走路的过程中，家长应该始终陪伴在旁边，以保障宝宝安全。同时，也要给宝宝一定的自由度，让宝宝自己维持平衡。

从"开心果"到"淘气包", 1岁多的宝宝爱探险

宝宝会走路以后,双腿成了交通工具,双手成了探索工具,喜欢到处走走看看、拍拍、摸摸、晃晃,去感知身边的各种事物。宝宝正是在探索中认识世界的。

但是因为年幼,宝宝还不知道哪些行为是不安全的,家长要在确保宝宝安全的前提下,给宝宝提供探索的机会,让宝宝在探索中建立对世界的认知,促进智力发展。

★ 如何在保障安全的前提下让宝宝探索世界？

1. 保障室内安全。给家中的电源插座装上安全盖；锁好危险的柜子和抽屉；将易碎物品放在宝宝够不到的地方，保障他们的安全。

2. 陪伴和监督。无论宝宝在哪里探索，都要有成年人的陪伴和监督，以便随时发现潜在的危险，保障宝宝安全。

3.给宝宝购买安全的玩具。给宝宝提供安全的玩具，尽量提供不含小零件、尖锐边缘或易碎材料的玩具。要确保玩具符合儿童安全标准，并经常检查是否有破损。

4.创造安全的探索区域。搭建一个适合宝宝年龄的探索区域，放置宝宝感兴趣的玩具和材料，让宝宝可以自由地进行触摸、观察、拼装。

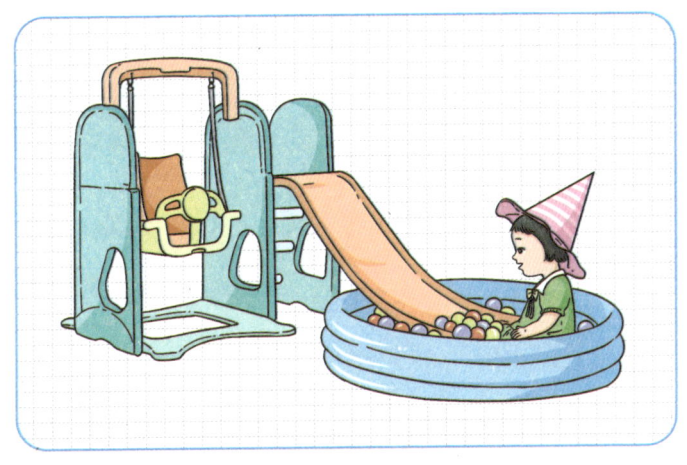

5.参与宝宝的探索活动。主动给宝宝提供探索机会,与宝宝一起进行探索活动。比如带宝宝到儿童游乐场,带宝宝去了解各种玩具的玩法,让他们体验这些玩具,满足他们的好奇心。

处于空间敏感期的宝宝都是"淘气大王"

当宝宝开始走路时,就不断用自己的方式,全方位地探索周围的空间。从很小的小洞,到小盒子、沙发底下、衣柜里面、房子外面,到处都是他们探索的身影。

处于空间敏感期的宝宝活泼好动,这是宝宝认识周围的世界、建立空间感的正常表现。当宝宝顺利度过这个敏感期后,认知能力和感知能力就会大大提升。

宝宝热爱空间探索的表现

喜欢扔东西，往空中扔，往身后抛……

喜欢用积木垒高楼，然后推倒重建。

喜欢钻桌子底下、凳子下面，喜欢钻进各种狭小空间里。

喜欢各种有孔洞的物体，爱用小手去探究小洞里面。

处于空间敏感期的宝宝都是"淘气大王",只有家长想不到的,没有他们做不到的。从扔东西,感受物体从高处落下,把积木垒高再推倒,到喜欢挤进各种狭小空间里,观察各种小洞、角落和缝隙,再到喜欢往远处奔跑,站在高处往远处瞭望……这些探索让宝宝充分感知到空间的存在、空间的神奇,从而建立起对大小、形状、空间、距离的概念,拓展对空间的认知。

⭐ 这一时期,保护宝宝的安全是很重要的。家长既要认识到空间敏感期的重要性,给宝宝创造条件,帮助宝宝进行空间探索,也要重视宝宝的安全,给宝宝创造安全的环境,让宝宝在安全的前提下进行探索。

⭐ 家长应该如何帮助宝宝度过空间敏感期呢？

1. 提供安全的环境。排除危险因素，给宝宝提供安全的环境，让宝宝在安全的前提下尽情探索。

2. 多用空间词语与宝宝交流。家长要多使用空间方位词与宝宝进行交流，比如：前面、后面、上面、下面、近处、远处等，帮助孩子建立对空间的概念。

3. 利用游戏陪宝宝感知空间。家长可以通过"躲猫猫"、搭积木等游戏，陪宝宝进行空间探索，让孩子认识空间，体验空间的大小。

4. 通过绘本和生活中的物体，帮宝宝认识空间。家长可以通过绘本和生活中的各种物体，告诉宝宝关于空间的知识，帮助宝宝理解空间的概念。

空间敏感期是所有敏感期中最有趣的敏感期。宝宝来到世界后，首先体验到的就是空间。随着成长，宝宝不断用身体感知着空间的大小、高低、远近，并在探索中不断发现惊喜。

处于空间敏感期的宝宝到处探索，让家长很担心他们的安全。为了防止宝宝出意外，家长总是叮嘱宝宝这不可以做，那也不可以做。这样会影响宝宝探索世界，也会妨碍空间敏感期的进程。我们家长需要做的，就是在为宝宝做好安全保护后，给宝宝自由，让宝宝在探索中不断自我成长，从而发展学习力、想象力、创造力、抵抗挫折的能力、解决问题的能力和情绪管理的能力等各种能力。

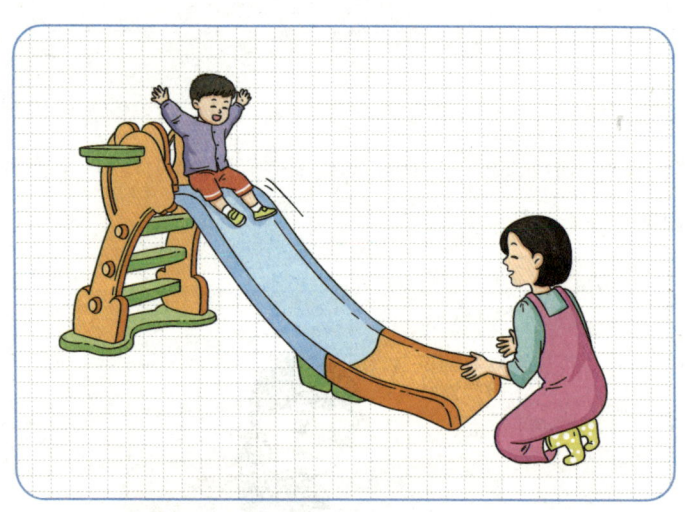

处于细小事物敏感期的宝宝都是观察家

宝宝从1岁开始就对细小事物感兴趣，看到小豆子、小石子、瓜子皮、小纸条、小线头、玩具零件等，都要拿起来看一看，用手捏一捏，用嘴尝一尝，或者攥在手里当宝贝。

细小事物敏感期是宝宝自发形成的认识世界的生命自我创造时期。宝宝对世界充满好奇和探索热情，眼耳口鼻是观察工具，手是探索工具，腿是交通工具，通过眼耳口鼻手和腿的协调配合，宝宝到处观察新鲜事物，认识世界，建立对世界的认知。在这个过程中，宝宝的感官不断发展，认知能力不断提升，生命不断自我完善，从而实现快速成长。

细小事物敏感期一般发生在 1—4 岁期间。在这个时期,宝宝对各种细小事物都表现出浓厚的兴趣,喜欢蹲下观察各种小东西,也喜欢捡拾地上的小东西,甚至会把小东西放到嘴里尝一尝。

为了防止宝宝误食,家长要把宝宝活动范围内不安全的小东西,如药片之类的小东西收拾起来,同时给宝宝讲明道理:小东西可以看,但是不可以吃进嘴里。等到宝宝长大以后,明白了道理,就不会再乱吃小东西了。

细小事物敏感期是培养宝宝观察力、专注力的好时机,家长既要从细节上保证孩子安全,又要充分满足孩子的好奇心,引导宝宝积极探索细小事物。

蒙特梭利认为,处于细小事物敏感期的宝宝会关注事物的细节,养成专注、耐心的习惯。同时,宝宝通过观察和抓捏细小事物,小手

的肌肉力量和手眼的协调能力都能得到充分发展，为发展精细动作打好基础。

我们家长要因势利导，促进孩子观察能力和探索意识的发展，推动孩子自我成长。

父母应该如何陪宝宝度过细小事物敏感期?

要把家里不安全的小东西收起来,防止宝宝误食。也要告诉宝宝,不可以把小东西放到嘴里。

在保障安全的前提下,不阻止宝宝的探索行为,让宝宝用眼睛去观察,用小手去感受小东西。

陪宝宝一起观察蚂蚁、花花草草等,培养宝宝的观察兴趣和观察能力。

这1个豆荚里有5个豆子。

在宝宝观察细小事物时,家长要陪伴在身边,给宝宝做讲解。

爱乱涂乱画的宝宝都是"灵魂画家"

许多宝宝在进入1岁半之后,就开启了让父母头疼的到处乱画模式。这是因为宝宝1岁半以后,随着精细动作的发展,手腕控制能力和手指灵活度不断提升,喜欢拿着画笔到处画画,通过简单的线条表达自己的心情和想法。

涂鸦不仅能激发宝宝的想象力和创造力,还能够锻炼宝宝的手眼协调能力,促进宝宝精细化动作发展和大脑发育。因此,父母要保护宝宝的涂鸦热情,为宝宝提供画板和画笔,让宝宝在涂鸦中自由发挥,促进他们的心智健康发展。

刚开始涂鸦的宝宝只会画一些杂乱无章的线条或者小点点这些大人看不懂的图案。其实，这些图案代表着孩子的各种想象，是孩子想象力和创造力的表现。随着年龄的增长，孩子使用画笔的能力、想象力、审美能力会越来越强，画出的图案就会像模像样了。

★ 涂鸦对宝宝智力发育的好处

1. 可以提升宝宝的想象力和创造力。
2. 可以提升宝宝手、眼、脑的协调配合能力。
3. 有助于培养宝宝的观察力和专注力。
4. 能促进宝宝的视觉、空间识别和认知能力的发展。
5. 有助于宝宝识别和表达自己的内心感受，提升情绪表达能力。
6. 提升宝宝的自信心和自我认知能力。

父母应该如何支持宝宝的涂鸦热情呢?

父母可以把家里一面墙壁"贡献"出来给宝宝涂鸦,或者买一块大白板,供宝宝自由创作。

不论宝宝涂成什么样,父母都不要进行干预,别怕脏乱,因为这正是培养宝宝创造力和想象力的大好时机。

宝宝的想法总是天马行空的,不要以成年人的思维去限定宝宝的想象力,让宝宝按照自己的想法去画。

主动询问宝宝创作的想法,并对宝宝的奇思妙想点赞,激发宝宝的创作热情和自信。

万事拗着来，让人哭笑不得的秩序敏感期

很多父母发现，宝宝在1岁半左右时，会忽然变得执拗、任性、不讲道理。家里的东西换一个地方，他就会哭闹；没按照他的想法来，他就会发脾气，搞得大人没有办法。其实，这是宝宝进入了秩序敏感期的表现。

秩序敏感期一般会从1岁半持续到3岁左右。对幼儿来说，世界是以自己习惯的不变秩序存在的，这种秩序深入他们的内心，成为宝宝最初的内在逻辑。当秩序被打破时，他们就会感到不安，期望一切恢复原状。在这段时期，父母应该尽量保持宝宝熟悉的环境不变，帮助宝宝维持内在的秩序。

宝宝在秩序敏感期的常见行为

宝宝会坚持自己认为正确的规则和秩序，对违反规则和秩序的行为非常不满。

宝宝渴望规则和秩序，不仅自己遵守，还要周围的人也必须遵守。

宝宝喜欢按照固定的步骤和顺序做事。如果家人没有按照顺序做事，宝宝就会感到不安，要重新再来。

很多父母不了解秩序敏感期，不理解宝宝坚守秩序的固执行为。其实，我们的生命本身是有结构和秩序的，秩序是生命自发的需求。我们人体的各个生命系统（呼吸系统、神经系统、泌尿系统等）既独立工作，又互相支持，构成了一个有秩序的结构系统。宝宝出生以后，就逐步开始形成与结构系统相配套的心理系统（感知系统、思维系统、情感系统、意志系统等）。随着宝宝不断成长，这个系统会不断发展完善。

秩序敏感期就是在帮助宝宝发展心理系统，形成内在的秩序。宝宝的各种执拗行为，其实就是生命在建立内在的秩序感。如果宝宝的秩序感良好，他们的内心就是和谐的，就会建立良好的自我。

所以，我们父母要重视宝宝秩序感的建立。当宝宝内心很有秩序时，就会感到很安心和愉快，心理系统也能得到健康发展。否则，宝宝就会感到混乱和不适，没有安全感，进而影响良好性格的形成和健全人格的建立。

⭐ 父母该如何帮助宝宝度过秩序敏感期呢?

1.使家庭的环境和生活秩序不要有大的改变。宝宝的秩序感往往来自于家庭环境,所以当宝宝处于秩序敏感期时,父母不要随便改变宝宝已经熟悉的家庭环境、生活规律和生活习惯,让宝宝在一个秩序良好的环境里成长。

2.理解和尊重宝宝内心的秩序感。要理解和尊重宝宝内心的想法,比如今天穿什么衣服出门、玩具放在哪里、睡觉之前先干什么后干什么,在保障安全的前提下,让宝宝自主决定这些简单的事情,协助宝宝建立内在秩序。

3.耐心倾听,安抚好宝宝的情绪。处于秩序敏感期的宝宝,很容易因为秩序被打乱而生气。父母要耐心了解宝宝心情崩溃的原因,温柔安抚宝宝。如果宝宝是有道理的,要支持宝宝。如果宝宝是在胡闹,不要仅仅否定宝宝,还要告诉宝宝应该怎么做。

不打扰
就是对专注力最好的保护

父母作为宝宝的抚养者,不仅要照顾宝宝的日常生活,关心宝宝的身体健康,还要重视对宝宝专注力的培养。

当宝宝专心做事时,不要随便打扰宝宝,分散宝宝的注意力。这样,宝宝才能从小养成专注的习惯,长大后才能够专心学习、做事情。

宝宝有时候会专注于某一件事，如自己玩玩小手，观察一下周围的环境，竖起耳朵听听周围的声音，感知一下周围的各种信息……家长不要因为喜欢宝宝，就随意上前打扰他，逗他，改变他的关注点。不破坏宝宝的专注力，就是对他专注力最好的保护。

⭐ 应该如何保护宝宝的专注力呢？

1. 宝宝睡醒后不要马上抱。宝宝睡醒后很舒服，正在观察天花板，享受这种舒适的状态。这时，父母不要立刻把他抱起，不要打扰他内心的安宁。

2. 不要自行打断专注的宝宝。宝宝在专注做一件事情时，注意力很集中，不要随便打扰。

3.宝宝专注于自己的小世界时,需要一个安静的环境。宝宝虽小,也会经常沉浸在自己的小世界里。父母不要在宝宝专注做事时,弄出很大声音,打扰宝宝。

4.每次给宝宝提供的玩具不要太多。如果给宝宝的玩具很多,宝宝就难以选择,每样都想玩一下,容易分心,而不会专注于一件玩具,这样会影响宝宝专注力的形成。

5.不让宝宝一心二用。宝宝在吃饭时,要让宝宝专心吃饭,玩玩具时,要让宝宝专心玩玩具,不要让宝宝一心二用。

第三章

2—3岁，自我意识开始萌芽，自我肯定感逐步建立

2-3岁宝宝五大能区发展路径图

能区	年龄	
	2—2.5岁	2.5—3岁
大运动	控制身体的能力大大增强,不会再轻易摔跤;会随着音乐节拍摇摆;走路很稳当,会小步跑动	基本掌握了跑、跳、攀登等复杂的动作;能控制好运动速度;能躲避障碍物;能双脚跳跃,单脚站立,双脚交替着一步一级上楼梯;能从25厘米高处跳下
精细动作	可以一页页翻书;可以拼大块的拼图;能把瓶子盖打开再拧上;会用水彩笔涂鸦	能够分别控制5根手指;1只手可以完成基本任务;双手配合更加灵活协调,能够系扣子、画直线、搭积木;可以区分出惯用手
认知能力	好奇心强,喜欢探索,兴趣广泛;喜欢模仿,开始学习小技能;有了初步的空间概念,能说出10个方位词;会对各种东西说话	大脑快速发育,探索意识大大增强,对各种事物都充满好奇心,创新意识快速发展;空间认知能力进一步发展,会准确使用一些空间词汇;玩耍有了目的;能对家里物品摆放的位置表述清楚
语言能力	词汇量快速上升,能够说出更长的句子;经常自言自语,边玩边说;会用自己的名字称呼自己	自言自语少了;可以用简单的语句讲故事,会把身边的人物编到故事里,故事里有自己,有妈妈,有小伙伴,有玩具,有动物;已经能够用"我"指代自己
情绪和社会行为能力	喜欢与小朋友在一起玩,但有时可能会各玩各的,彼此不沟通,不合作;会模仿别人玩;常用"这是我的"宣示所有权	人际交往意识大大增强,会主动与大人打招呼,与小伙伴接触大大增多;喜欢搞笑;自我意识诞生,执拗,任性,为了玩具会与小伙伴大打出手,占有欲强烈,会说"不"来拒绝别人

每一个宝宝都是独特的,他们的成长速度和步调都不一样,在行为表现上也会存在个体差异。有的宝宝说话早,有的宝宝说话晚;有的宝宝喜欢动手操作,有的宝宝喜欢安静地看节目;有的宝宝喜欢社交,有的宝宝比较害羞;有的宝宝性格乖巧,有的宝宝天性淘气……家长要根据宝宝的个体差异,了解宝宝的强项,根据宝宝的天赋因材施教。

自我意识萌芽，宝宝开始确立自我

宝宝刚出生时是没有自我意识的。随着年龄的增长，宝宝逐渐开始认识到自己是一个独立的个体，意识到"我的玩具是我的，不是你的"。这种物品所属权意识标志着宝宝有了自我意识的萌芽，开始确立自我。宝宝也因此进入自我意识敏感期。

宝宝在这个时期，经常挂在嘴边的话就是"这是我的"，对自己的东西有强烈的占有欲和保护欲。当宝宝完全占有自己的东西时，他会充分感觉到"我"的存在，并开始认识自我、确立自我、发展自我。

自我意识敏感期在宝宝2到3岁时得到发展。自我意识敏感期是宝宝确立自我的重要时期，也是宝宝建立自尊和自信的关键时期。父母的支持和鼓励有助于宝宝更好地确立自我和发展自我。

自我意识具体包括认识自我、自我情绪体验、建立所有权意识、自我控制四个方面（参见下图）。

⭐ 自我意识敏感期是十分重要的敏感期

处在自我意识敏感期的宝宝,几乎将全部的热情和注意力都集中在了自我的建构中。如果没有这样的激情和投入,宝宝就无法形成正确的自我意识,长大以后就会在社交活动中寸步难行。所以,自我意识敏感期是十分重要的敏感期,直接影响着宝宝人格的确立和在社会上立足的能力。

★ 处于自我意识敏感期的宝宝的具体表现

1.认识到"我"与"你"有区别。处于这个阶段的宝宝会认识到"我"和"你"之间有界限,"我"与"你"有区别。他们喜欢说"不"。如果不符合他们的心意,他们就会大哭大闹。

2.出现打人、咬人的现象。这些行为与恶意伤害无关,宝宝只是用这些行为表示我和你不一样,你所做的事让我不高兴,所以我要表达我的不满。

3. 宝宝总爱说"不"。当你问宝宝吃饭吗，他会说"不"，但是你给他饭，他照样吃。他只是通过说"不"来建立"我"的概念，表明"我"是特别的。

4. 宝宝不愿意分享。处于这个阶段的大多数宝宝都会特别维护自己的东西，不允许别人随意动。这与自私无关，宝宝只是通过占有物品来构建自我，并形成清晰的自我认知。

父母对处于自我意识敏感期的宝宝该如何引导？

在日常生活中帮助宝宝区分自我和他人，比如教宝宝认识自己的长相、身体特征、自己的名字、性别等。

当宝宝打人、咬人时，父母要去制止，但不要去谴责宝宝。因为宝宝的行为与粗野无关，这只是他们不同意别人做法的自然表现。

当宝宝说这是"我的"时，父母不要强迫宝宝去分享，要尊重他们，让他们对自己的东西做主。

父母可以引导宝宝用"交换"的方式代替"分享"。

父母要告诉宝宝分享的意义。

★ 处于自我意识敏感期的宝宝为了确认自我，总是会表现出执拗和不顺从，让父母头疼，因此也被贴上了"可怕的两岁"的标签。其实两岁宝宝的执拗是在建构自我，父母要对孩子保持耐心和包容，不与宝宝较劲，给宝宝足够的时间让他们成长。等宝宝过了自我意识敏感期，建立起自我意识后，他们就会变得通情达理。

在自我形成过程中，宝宝会维护属于自己的东西。他们不愿意别人玩自己的玩具，看自己的书。即使是别的小朋友的玩具，如果他们想要，也会从别人手里夺过来，说"这是我的"。他们把真正属于自己的和自己喜欢的东西都看成是属于自己的。如果别人帮他们拿东西，他们会认为别人是想拿走自己的东西，会直接拒绝。这个通过不断强调"这是我的"来确认自我的过程，就是宝宝自我建构的过程。

宝宝在形成自我的过程中,行为表现的演变过程

刚开始,宝宝会通过"打"的行为来表示他们不同意,不喜欢。

然后,宝宝会把"不"挂在嘴边,通过语言表达拒绝。

再后来,宝宝会更加坚定不移地坚持自己的想法。

⭐ 宝宝把全部的热情和注意力都集中在自我建构过程中。当宝宝形成自我以后,就知道自己需要什么,该做什么,做事情会有目标,能不断发掘自己的潜能,让自己变得更好。

父母该如何帮助宝宝逐步建立分享意识？

给宝宝讲讲分享，让宝宝知道分享的重要性。

主动与他人分享，给宝宝做好榜样，让宝宝学习并模仿你的行为。

制订家庭规则，告诉宝宝哪些是属于他的物品，哪些是可以分享的物品。让宝宝知道一些东西需要分享，培养宝宝的分享意识。

当宝宝做出分享的行为时，要及时给予赞扬和肯定，让宝宝感受到分享的意义。

⭐ 父母在宝宝形成自我意识的过程中，不要谴责宝宝的各种错误行为，不要给宝宝定性，要理解他们，陪他们顺利走过自我意识敏感期，完成自我建构。

利用宝宝自我肯定感确立的关键期，塑造好生命根基

在一段时间里，宝宝特别乐于帮助家里人拿鞋子，拿包包，端水果，模仿大人做事，此时，家人的夸奖和肯定能增强孩子的自我肯定感。在做事的过程中，宝宝发现自己很能干，做事很有乐趣后，就更愿意干了。

3岁以前是培养宝宝自我肯定感的重要时期。在这个时期，宝宝已经能够理解大人的夸奖和批评，他们会通过言语、行为来表现自己，证明自己能干，并渴望被关注和肯定。父母要多夸宝宝，与宝宝情感连接，让他们感到自己很有价值，从而建立起自我肯定感。

　　自我肯定感是孩子生命的根基，若在生命早期就给宝宝打好心理基础，便可以在这上面构建恢宏的生命大厦。人的一生要经历很多，这些都需要良好的心理做支撑。为宝宝打好心理基础，将来他们就不怕困难与挫折，更容易做出成就。

⭐ 父母应该如何帮助宝宝建立自我肯定感？

1.对宝宝表达爱意。父母要经常抱抱宝宝，陪宝宝玩耍，同宝宝说话，让宝宝感到被爱和被珍视，从而认识到自己的存在很有价值。父母的爱和关心是宝宝建立自我肯定感的基石。

2.及时满足宝宝的需求。宝宝有需求时父母要及时回应，让宝宝感到自己被关心。

3.让宝宝做一些力所能及的事情。宝宝能做到的事情就让他做,如帮忙拿一些东西,让他们知道自己的价值,建立起自我肯定感。

4.表达对宝宝的情感共鸣。宝宝哭泣时,要安慰他们,让他们感到自己被理解和被同情。

5. 多肯定和夸奖宝宝。当宝宝做得好、表现好时，要及时认可和赞扬他们，让他们认识到自己的能力和价值。积极的话语能使宝宝更乐观，让他们的身心成长得更好。

6. 培养宝宝的兴趣和爱好。鼓励宝宝参与他们感兴趣的活动，帮助他们找到自己的爱好，培养他们的自信心和自我认同感。

宝宝自我肯定感发展的不同阶段

大致时间	发展阶段	具体表现
0—2 岁	建立基本安全感阶段	宝宝出生以后，需要满足生理需求（如饮食、睡眠需求），获得稳定、温暖和有爱的环境，得到基本安全感
2—6 岁	建立自我认知阶段	宝宝意识到自己是一个独立的个体，开始形成对自己的认知和理解，认识到自己的价值和能力
2—18 岁	经验和成就积累阶段	宝宝不断尝试和经历新事物，不断积累经验和取得成就，进一步建立自我肯定感
6—18 岁	社交互动和比较阶段	宝宝开始与同龄人进行社交互动，并意识到自己与他人的差异，开始注重塑造自我形象
11—18 岁	自我评价和内在认同阶段	宝宝开始形成自己的价值观和内在认同感，能够客观地评价自己，认同自己，并确立自己的目标和追求

自我肯定感是生命自身的需要。父母的关注和肯定，就像是在给宝宝的"心灵银行"储蓄，储存得越多，他们的精神世界就越富足，自我肯定感就越强。

帮宝宝建立起信任感，促进人格健康发展

3岁之前是宝宝建立信任感的重要时期。当宝宝的需要得到满足，心灵得到呵护，就认识到父母是可信赖的，所处的环境是安全的，由此会扩展到对父母之外的人的信任，对世界的信任。这种信任感是宝宝获得的一项社会成就。对人和环境的基本信任感也是宝宝形成健康、乐观的个性品质的基础。

同时，宝宝从父母的照顾、陪伴、鼓励、肯定和信任中能感受到自己的重要性和价值，他们会意识到自己很能干，父母很信任自己的能力，从而产生自信，并由此生发出对未来的幻想，并敢于去尝试、向外拓展。这种自信的心理会成为孩子人格发展的重要部分。

⭐ 信任感对宝宝成长的重要性

1. 信任感能促进宝宝大脑发育。3岁之前是宝宝大脑发育最快的阶段。信任父母和周围世界，宝宝内心会更放松，大脑神经系统发育会更迅速，更喜欢学习和发展新技能。

2. 信任感能促使宝宝健全人格的建立。在3岁之前，宝宝开始产生自我意识。被信任的宝宝更容易建立积极的自尊心和自信心，形成健全人格。

3. 有信任感的宝宝更独立。自信且被他人相信的宝宝，敢于探索和尝试，敢于做决定，更早开始独立。

4. 有信任感的宝宝更愿意表达自己的真实想法。对父母的信任使他们愿意将自己的"小秘密"告诉父母，让他们帮助自己成长。

5. 有信任感的宝宝善于调节情绪。3岁之前的宝宝已经开始学习调节情绪。自信的宝宝更善于表达和管理自己的情感，处理情绪和压力，不会轻易陷入无助和情绪失控。

6. 有信任感的宝宝喜欢社交。3岁之前是宝宝发展社交技能的重要时期。有信任感的宝宝在社交环境中更放松自如，会主动与他人交流互动，一起玩耍，发展社交技能。

⭐ 如何帮宝宝建立信任感？

1.给宝宝良好的成长环境。给宝宝提供一个稳定、温暖、安全的成长环境，保持日常生活规律，让宝宝感到安全和可预测，从而对父母和环境建立起基本的信任感，进而对周围世界建立起信任感。

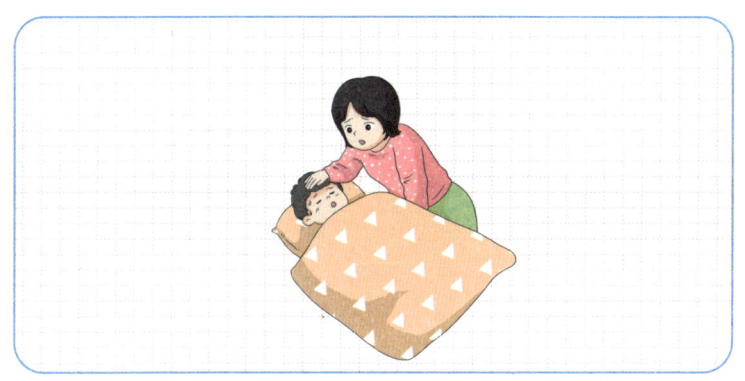

2.与宝宝建立亲密的联系。通过抱抱、抚摸和轻拍等肌肤接触及眼神交流和对话互动，给宝宝传递爱和关怀。宝宝会把父母的爱加以内化，形成对父母的信赖。

3. 父母要保持平和的心态。宝宝能够体察出父母的情绪状态。父母要对生活充满信心,保持松弛的心理状态,让宝宝也保持情绪的安定,这对培养宝宝对生活的信任感具有重要作用。

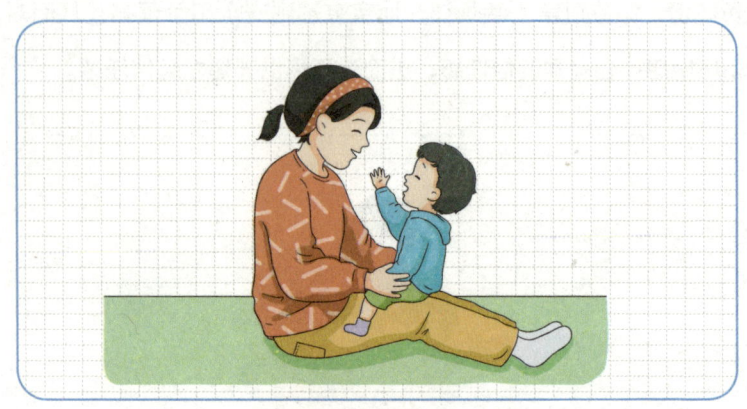

4. 相信孩子,让孩子自己去尝试。很多父母爱宝宝,却不信任他们的能力,不敢放手让他们去做事情。其实信任也是一种爱,信任宝宝,让他们自己动手做事情,他们就会越来越能干、自信。自信的宝宝有更美好未来。

信任代表着爱和尊重。在爱和尊重的环境下长大的宝宝更自信，会独立思考，积极尝试，自主完成各项任务，朝着父母的期望去成长。

信任是一种容易被忽视的爱。爱宝宝，就该信任他们，用爱和尊重养育宝宝，让宝宝建立起对父母的信任，对世界的信任，对自己的信任，建立起希望品德，敢于梦想，敢于尝试，敢于主动交往，为建立乐观的性格和健全的人格打好基础。

语言敏感期，在自言自语中变成语言高手

宝宝两岁以后，随着词汇量增加，会越来越喜欢用语言表达自己的想法。在玩耍时，他们经常自言自语，边玩边说。比如，在玩小火车时，他们会说："火车回家了，呜——呜——火车回家睡觉了。"

自言自语是宝宝语言发育过程中的一个重要阶段。宝宝通过自言自语，不断锻炼语言能力和思考能力，一段时间后，他们的语言表达能力就会飞速提升，大脑也会变得更聪慧。

在语言发育的过程中，宝宝经常自言自语，看到什么就说什么，想到什么就说什么，甚至会说一些没头没脑的话。之所以说出的话会显得无厘头，没有逻辑性，是因为宝宝还不会系统思考，说出的话都是随机想到的。即便如此，宝宝在自言自语的过程中依旧能不断思考，不断表达自己的想法。一段时间之后，他们的思维能力和语言表达能力就会得到提升。

语言敏感期也是语言学习的启蒙时期，这段时间内，父母尤其要注意自己语言的规范性，给宝宝做好示范，让宝宝学到规范语言，并把这些规范语言内化，变成自己的语言。

如何引导宝宝在自言自语中提升语言能力？

不随意打断宝宝的自言自语，让宝宝用自己的语言表达自己的意思。

多同宝宝说话，给他们提供话题，引导他们爱上语言表达。

提出各种问题，激发宝宝的兴趣，引导他们表达自己的想法。

和宝宝一起阅读绘本，提升他们的词汇量和语言组织能力。

与宝宝一起编故事，引导他们进行思考和表达。

⭐ 两岁半宝宝与同龄小朋友的交流会明显增多，但是大多是在维护自己的所有权，有实质意义的交流还比较少。如果有大人在旁边，他们也会主动跟大人说话，比如会说："妈妈，看我。"快 3 岁时，宝宝就真正开始喜欢语言交流了。

给处于执拗敏感期的宝宝说"不"的权利

宝宝两岁半左右时，已经有了自己的思维。如果父母不尊重宝宝，或者做事不合他们的心意，宝宝就会很生气，通过不断说"不"来进行反抗。

这个年龄的宝宝说"不"，是一种自我意识觉醒的体现，不一定是坏事。父母要尊重宝宝，给宝宝说"不"的权利，不与他们较劲。

父母要理解处于这个阶段的宝宝的特点。等过了这个敏感期，宝宝就会变得好相处了。

⭐ 父母常见的错误行为

一些父母认为处于这个阶段的宝宝变得太固执任性了，对他们的态度就从宠溺变成了批评训斥。看到宝宝的一些行为，这些父母就忍不住批评他们，甚至罚他们站在墙边。其实，宝宝出现的每一种行为，都是成长过程中的正常现象，是宝宝生命进程的一部分。当宝宝度过了这个敏感期，就会变得更成熟。如果父母不了解宝宝的成长规律，凭自己的想法管教宝宝，可能会破坏宝宝的成长进程。

★ 面对宝宝的执拗、任性，父母应该怎么办？

1. 了解处于执拗敏感期的宝宝的特点，尊重他们的想法，充分理解宝宝行为的合理性，多包容他们，耐心与他们沟通，而不是告诫他们"你不可以哭闹"或批评他们"你又不听话了"。

2. 面对哭闹不停的宝宝，父母要多倾听他们的想法，给他们说"不"的机会，然后温柔地告诉他们怎样做会更好，让他们知道应该怎么做。

宝宝在探索世界的过程中，会逐渐离开父母，内心比以前任何时候都孤独，对挫折很敏感。如果遇到挫折，宝宝会回到父母身边撒娇，或者发泄情绪，表现得非常固执、不讲理。作为父母，要理解宝宝，与宝宝共情，帮助他们不断调适，建立起健康的心理和积极的情绪。童年时期父母对待他们的方式会影响他们的一生。

宝宝爱撒谎、吹牛，他在试图证明自己强大

宝宝两岁半到 3 岁时，语言表达能力进一步提升，能够表达的内容也越来越多。这一时期，他们开始喜欢用夸张的语言证明自己强大，有时，他们甚至会撒谎、吹牛。一些父母因此感到困惑：宝宝是学坏了吗？

宝宝的自我意识觉醒以后，意识到了自我的存在，喜欢用代表力量感的词汇、夸张的语言来表达自己的想法，证明自己厉害。这不是宝宝有意识地撒谎、吹牛，而是宝宝建立自信心和自我肯定感的需要。因此，只要能确定宝宝撒谎、吹牛不是因为品性不端，父母用平常心看待就好。

⭐ 为什么宝宝喜欢撒谎、吹牛？

1. 喜欢夸张地讲述自己的见闻和感受。宝宝在看到一些新奇的事物时，常常把自己代入角色，并用夸张的词汇讲述给别人。为了让别人相信他们，使用再夸张的词汇他们都不会觉得过分。

2. 宝宝分不清幻想与现实。宝宝的想象力极其丰富，有时，他们分不清现实与幻想的区别，会把幻想的事情与现实混为一谈，把想象中的东西当成真的。

3. 为了逃避惩罚。当爸爸妈妈用严肃的语气责问宝宝时,为了逃避惩罚,他们可能会用谎言为自己"辩护"。这往往与父母平时过于严厉苛责孩子有关。

★ 父母应该如何看待宝宝撒谎、吹牛的行为呢?

1. 用平常心看待宝宝的撒谎、吹牛行为。一般情况下,这个年龄段的宝宝撒谎、吹牛,都不是因为学坏了。因此父母要用平常心看待宝宝的行为,正确引导他们,不与他们较劲。

2.不给孩子"贴标签"。不要给宝宝贴上"爱吹牛的小朋友""爱撒谎的小朋友"之类的标签。这些标签是负面的,容易对宝宝形成负面的心理暗示。如果他们的话无伤大雅,有时甚至可以顺着他们的话说。

3.给宝宝做好引导和示范。父母的言谈举止对宝宝起着示范作用,所以父母要用正确的言行给宝宝做示范,让他们知道正确的做法。

社交敏感期来了，如何给宝宝做好社交启蒙？

随着自我意识的发展，宝宝逐渐认识到除了"我"之外，还有"其他人"。于是，他们开始离开自我的小圈子，与周围人交流。见到熟悉的人会主动微笑，或故意用一个有趣的表情、动作来吸引别人的注意。这些行为都标志着宝宝想主动与人交往，进入了社交敏感期。

两岁多的宝宝虽然内心渴望和小伙伴们一起玩，但是因为语言表达能力有限，还不会很好地与人互动交流，这时就需要我们父母给宝宝做好社交启蒙，帮他们度过社交敏感期。

⭐ 父母应该如何帮助宝宝开始社交呢?

1. 教给宝宝社交方法。社交敏感期的初期，不少宝宝不敢迈出社交第一步，几个宝宝在一起时，他们各玩各的，不会交流互动。父母应该教给宝宝社交方法，让他们知道如何与人交流和合作，培养他们的社交能力。

2. 鼓励宝宝积极参与。父母要鼓励宝宝主动表达社交意愿，参加其他宝宝的活动。

3.引导宝宝大方接受其他小朋友的邀约，在交流互动中学习社交方法。当宝宝积极参与社交活动时，要给予表扬，增强他们的自信心。

4.多带宝宝参加集体活动。给宝宝提供社交场所，让宝宝参与社交活动，在实践中适应社交。

在宝宝进入社交敏感期时，可能会经历情绪波动，产生身份认同问题。作为父母，需要倾听宝宝的感受，理解他们的困惑和挣扎，给予他们支持。同时，父母也要帮助宝宝发展兴趣爱好和特长，提升他们的自信心和自豪感。

社交敏感期并不是一个突然开始或结束的阶段，而是一个渐进的过程，会伴随宝宝进入幼儿园。父母应该持续关注和支持宝宝社交能力的发展，让他们成为会社交的人。

社交敏感期发展过程对照表

阶段	具体表现
阶段一	宝宝开始通过观察和模仿成人的面部表情、声音和动作来学习社交技能，并与主要照顾者建立亲密关系
阶段二	宝宝开始与同龄人玩耍和互动，学习社交规则、合作与分享，学习如何与他人进行有效沟通
阶段三	宝宝开始与同学、老师和其他成年人的社交圈接触，理解友谊和团队的重要性，积极维护自己的人际关系

处于模仿敏感期的宝宝都是优秀的模仿家

有的宝宝看到别人做什么,他们就做什么,听到别人说什么,他们就说什么。比如,有的宝宝会模仿父母的生活日常,给玩具娃娃穿衣服,盖被子,把玩具娃娃放在推车上遛弯,细心照顾"生病"的玩具娃娃等,乐此不疲。

宝宝通过模仿父母的行为,逐步发展自己的能力。这也是宝宝构建自我、走向独立的重要过程。

处于模仿敏感期的宝宝对每天的见闻充满兴趣,他们会把这些见闻模仿出来,在不断模仿中学会思考、做事情。父母要给他们做好榜样,让他们模仿积极正面的言行举止,健康成长。

⭐ 宝宝在模仿敏感期的具体表现

1.模仿社交技能。在模仿敏感期,宝宝通过模仿他人的动作、表情和说话方式,学习如何与他人互动、交流和建立联系。

2.模仿语言。在模仿敏感期,宝宝会模仿他人说话,学习发音及语法和词汇的使用,逐渐提高自己的语言能力。

3.模仿动作。在模仿敏感期,宝宝会模仿周围人的动作,学习如何行走、跑步、跳跃和使用工具。通过模仿,宝宝会发展出更多的技能,并提高身体的协调性和灵活性。

模仿敏感期对宝宝的成长有着重要的影响。宝宝通过模仿他人的语言、行为和做事方法，学习各种知识和技能，逐渐提升自己的社交、语言、认知和运动能力，发展出自己的个性。父母要利用这个阶段，给宝宝提供模仿机会，多多引导，帮助他们全面发展。

父母应该怎样帮助宝宝度过模仿敏感期？

当宝宝模仿时，父母应尽量放慢动作，让他们看清楚做事情的步骤，边学边练。

陪宝宝一起模仿，提升他们的技能。

对宝宝正确的模仿给予鼓励和肯定。

纠正宝宝不当的模仿行为。

⭐ 模仿是一种探索性行为，有利于宝宝的心智发展和能力提升。父母应尽量少干预，多引导。对宝宝来说，模仿是一种获得快乐和各种能力的自我尝试，人为干预会影响宝宝在模仿敏感期内的正常学习实践，从而妨碍宝宝的认知发展，影响宝宝早期智力的开发。

观察是认知的基础，从小培养宝宝的观察力

宝宝对各种事物都充满好奇心，看到蚂蚁、小虫子、小狗就会观察半天；看到一些带颜色的水果就想去尝尝。因此，这个年龄正是培养观察力的重要时期。

宝宝是从观察开始认识世界的，有了观察力，才好发展注意力、记忆力、想象力和思维能力，没有观察力，宝宝的思维就会缺少基础。所以说，观察是认知和思维的基础，是宝宝未来好好学习的重要前提。父母要从小培养宝宝的观察力。

观察力是宝宝智力发展的基石，宝宝通过观察事物，认真思考，提升认知，智力就发展起来了。

⭐ 宝宝观察的特点和喜好

1. 喜欢观察身边发生的有趣现象。
2. 喜欢看活的、运动着的、位置明显的物体。
3. 喜欢看颜色鲜艳的、大而清晰的图像和物品。

★ 父母应该如何培养宝宝的观察力？

1. 多带宝宝到室外走走看看，是培养宝宝观察力的有效途径。春华秋实、四季更替、蝉鸣鸟啼，都能吸引宝宝的兴趣，都是宝宝观察的素材。

2. 父母要给宝宝讲解他们感兴趣的事物，引导他们观察。如果他们兴趣浓厚，父母要耐心地等他们观察，不要着急离开。

3. 与宝宝一起观察生活中的一些有趣现象,让他们通过观察发现生活的美好和惊喜。

4. 宝宝往往通过视觉、触觉、听觉、味觉、嗅觉了解事物,父母要多带宝宝用不同的感官感受事物,提升综合观察力。

入园前，宝宝做好准备了吗？

宝宝3岁以后，将离开家庭独自到幼儿园生活。这就意味着，宝宝要离开舒适区，去过集体生活，要自己解决大小便问题，自己吃饭，自己穿衣服，自己叠被子，自己收拾自己的物品……父母需要提前训练宝宝，让他们能更好地适应幼儿园生活。

通常情况下，父母需要在宝宝入园前的3到6个月开始培养他们的自理能力，教他们与别的小朋友相处，听老师的安排，让他们入园后能更快地适应幼儿园生活，快乐成长。

⭐ 父母如何帮助宝宝做好入园准备?

1. 帮宝宝做好入园心理建设。提前给宝宝讲一些幼儿园的生活内容,让他们对上幼儿园充满憧憬,愿意去上幼儿园。

2. 培养宝宝的生活自理能力。为了防止宝宝上幼儿园后不能很好照顾自己,需要尽早开始培养他们独立生活的能力。

3. 培养宝宝的社交能力。上幼儿园之前，父母要多带宝宝与人交往，教给他们一些社交方法，让他们知道怎样交朋友，如何与别的小朋友相处。

4. 让宝宝主动表达自己的想法。父母要告诉宝宝，在幼儿园里要多跟老师交流自己的想法，遇到问题时要主动跟老师说，老师会提供帮助。

5.帮助宝宝逐渐适应分离。在入园前要逐渐延长与宝宝分离的时间,让宝宝适应离开父母、单独应对他人的情况。

6.提前带宝宝参观幼儿园。让宝宝提前熟悉幼儿园环境,减少对上幼儿园的紧张感。

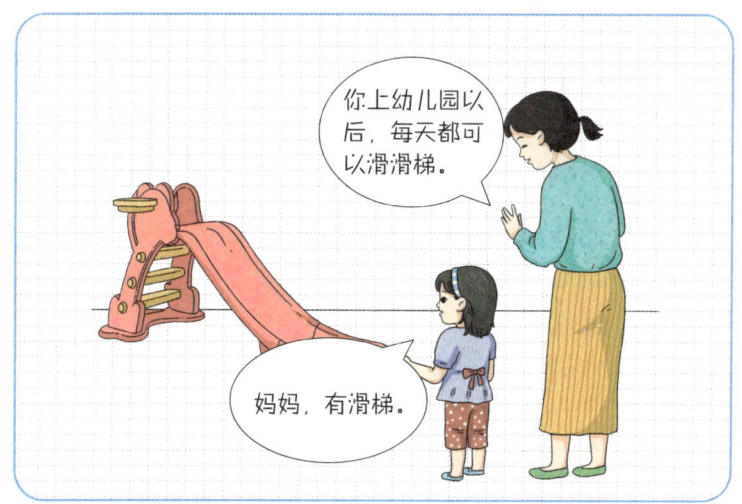

每个宝宝的适应方式和适应时间不同，父母要提前锻炼宝宝，给予宝宝足够的支持和鼓励。同时，在宝宝入园后，父母要与老师保持良好的沟通，了解宝宝在幼儿园的情况，及时帮助宝宝解决遇到的问题。

祝每一位宝宝都能顺利走进幼儿园，开启在幼儿园的快乐生活。